Hanna-Barbara Gerl-Falkovitz

Mit Freundinnen im Gespräch

topos taschenbücher, Band 1078
Eine Produktion der Verlagsgemeinschaft topos plus

Hanna-Barbara Gerl-Falkovitz

Mit Freundinnen im Gespräch

Christliche Frauen aus zwei Jahrtausenden

topos taschenbücher

Verlagsgemeinschaft topos plus
Butzon & Bercker, Kevelaer
Don Bosco, München
Echter, Würzburg
Matthias Grünewald Verlag, Ostfildern
Paulusverlag, Freiburg (Schweiz)
Verlag Friedrich Pustet, Regensburg
Tyrolia, Innsbruck

Eine Initiative der
Verlagsgruppe engagement

www.topos-taschenbuecher.de

Bibliografische Information der Deutschen Nationalbibliothek
Die Deutsche Nationalbibliothek verzeichnet diese Publikation in der Deutschen Nationalbibliografie; detaillierte bibliografische Daten sind im Internet über http://dnb.d-nb.de abrufbar.

ISBN 978-3-8367-1078-7
E-Book (PDF): ISBN 978-3-8367-5072-1
E-Pub: ISBN 987-3-8367-6072-0

Umschlagabbildung: © iStock
Einband- und Reihengestaltung: Finken & Bumiller, Stuttgart
Satz: SATZstudio Josef Pieper, Bedburg-Hau
Herstellung: Friedrich Pustet, Regensburg
Printed in Germany

Inhalt

Vorwort

Es gehört zur Lage, dass im heutigen Abstoßen vom generationenlang gewohnten Frauenbild auch das Christentum seine Theorien und seine Geschichte auf dem Prüfstand findet. Sätze wie „Das Wesen der Frau ist Hingabe", wie Gertrud von le Fort 1934 formuliert, sind schwierig geworden, weil ihre Einseitigkeit auch einem Ausnutzen und Übernutzen weiblicher „Hingabe" stattgegeben hat.

Trotzdem muss es jenseits von Verteidigung und Angriff gelingen, die unglaubliche und ungeheuerliche Vorgabe des Christentums für die Frau (wie übrigens für den Mann) aus der Sache heraus darzustellen. Sofern die Sache Bestand hat, bedarf sie keiner Apologetik. Sie bedarf einer Augenöffnung, und auch diese ist nicht erstrangig auf Glaubensaussagen abzustützen (die nicht alle teilen), sondern hat den Blick freizugeben auf Geschichte, Daten, Erfahrung, Theorie.

Denn die Kirche schreibt den Frauen (wie den Männern) nicht nur Lebensstil und Reichweite des Handelns vor, sie *reflektiert auch die Selbsteinschätzung der Christinnen.* Reflektieren meint hier im genauen Wortsinn *widerspiegeln.* Diese Tatsache wird heute, im Ausschreiben einer „negativen" christlichen Frauengeschichte, missdeutend unterschätzt. Aber ein solches Verschweigen oder Verzeichnen der vielgefächerten geglückten Frauentradition wird selber kontraproduktiv. Wenn Frauen nie etwas gegolten haben (was ohnehin nicht stimmt), warum sollten sie dann heute etwas gelten? Wenn die eigene Geschichte in ihren ungeheuren Aufbrüchen so wenig bekannt ist, wem sollte sie dann bekannt sein? Was dringend nottut, ist das Wegkommen von der Klagemauer: Immer schon haben Frauen nicht ..., oder umgekehrt: Immer schon mussten Frauen ... Es gibt die *große Geschichte* der jüdisch-christlichen Frauen, die sich mit jeder „männlichen" Geschichte vergleichen lässt, an Intensität und Glück eines göttlich berührten Lebens. Die gewohnte Aufrechnung einer fortwährenden Unterdrückung, die mit heutigen Augen gemessen wird, trägt einen bewusst oder unbewusst desinformativen Zug. Mehr noch: Selbstmitleid lähmt. Jede Form von Larmoyanz ist ein Hindernis in der Sache.

Die eindringende Kenntnis der christlichen Frauengeschichte ist schon deswegen unverzichtbar, weil nur das historische Denken auch die Zukunft entwerfen kann und weil leider der ahistorische Mensch immer zum Ketzer neigt: zum Unbedingten und Radikalen, der jetzt und hier angeblich erstmals die Wahrheit verstanden hat – ohne zu fragen, was die bisherigen Mütter und Väter gesehen haben. Es sollte heute auch zum Wandel des Bewusstseins gehören, dass Frauen ihre eigene Herkunft aus der Geschichte wieder kennen und diese nicht nur als Zu-kurz-Gekommene, als verkümmert Gebliebene wahrnehmen – dann hat man sich willkürlich der belebenden Kraft dieser Vorläuferinnen beraubt. Solange die große Reihe von Frauennamen nur im Archiv einiger Spezialisten steht, sind ihre Erfahrungen unwirksam. Wenn es heute um die tiefere Mitsprache der Frau in allen Belangen des Menschlichen geht, dann müsste man sich an erster Stelle der Vor-Denkerinnen und ihres gelebten Lebens versichern, deren späte Frucht wir ja auch sind: der namenlosen wie der berühmten Christinnen. Allerdings nicht, wie wir sie auf unsere Nöte hin stilisieren, sondern in ihrer Zeit begreifen, wenn wir in unserer Zeit begriffen werden wollen. Wir Spätlinge sind ein vielfach anderer Frauentyp geworden. Und weiß Gott, was die Enkelinnen an uns einmal für Unfreiheiten wittern werden ... So gilt grundsätzlich, anderen Frauen nicht Unglück vorzuschreiben, wo sie selber Glück formulieren würden.

Achtet man die geschichtlichen Abstände, dann wird noch einmal das Gemeinsame zwischen den heutigen Frauen und den alten Büßerinnen, den Mystikerinnen, Politikerinnen, Lehrerinnen, Heilerinnen, den Jungfrauen, Ehefrauen, Witwen, den Freundinnen ihrer Freunde hervortreten. Der Reichtum dieser vielerlei Leben besteht ja darin, dass die Christinnen auch hier auf der großen Welt der Antike und des Mittelalters aufbauen, auf der Erfahrung der jüdischen, griechischen, römischen, der germanischen und slawischen Frauen. Nur mit dem Selbstbewusstsein einer zweitausendjährigen bedeutenden Vergangenheit lässt sich weiterhin Geschichte gestalten, auch auf das neue Gegenufer des Unerprobten zu. Dem Beleidigtsein und der „Wut“ – die naturgemäß kurzatmig denkt – wird nichts gelingen als ein auf die Dauer langweiliges Ressentiment. Denn nochmals: Die Gegenwart reflektiert, spiegelt auf ihre Weise genau das Selbstbewusstsein ihrer Frauen wider. Wenn wir es nicht kraft Christentum in uns tragen, woher sollte uns sonst Selbstbewusstsein zuwachsen?

Zum Schluss sei auf etwas aufmerksam gemacht, von dem ich je länger je mehr überzeugt bin. Nämlich: Man/frau sollte die Kirche nicht verlassen, aus welchem (modischen oder grundsätzlichen) Ärger auch immer. „Mich, den lebendigen Quell, haben sie aufgegeben und graben sich anderswo löchrige Brunnen.“ (Jeremia 2,13) Diese Klage kann leider den meisten Suchbewegungen gelten. Was aber tun, wenn einem die Kirche selbst als löchriger Brunnen vorkommt? Tiefer in ihr graben, bis der Schacht zum Grundwasser getroffen ist. Denn es gibt den Schacht (das Beste an der Kirche), und in ihm rauscht das Grundwasser (Gott) – wirklich. Diesen Schacht zu finden schafft vielleicht nicht die einzelne Frau, aber genau hier liegt der Sinn einer Porträtsammlung: Zusammen fällt die Suche leichter. Manchmal öffnet auch eine alte Freundin, die nur noch in einem Buch spricht, den Zugang: Hildegard, Hedwig, Caterina und die neueren, durchwegs komplizierteren Frauen, überhaupt die zahllosen geistigen Schwestern, die vielen Marien, Magdalenen und Marthen dem Namen und dem Geist nach.

München, 20. Juli 1994
Hanna-Barbara Gerl-Falkovitz

Nach 22 Jahren erfolgt eine fast unveränderte Neuauflage. Jedoch trägt sie einen etwas anderen Titel und enthält ein Kapitel mehr: über Edith Stein. Das Gespräch wird also fortgeführt, im Sinn des kurzen Wortwechsels in Goethes *Märchen*:

„Was ist herrlicher als Gold?“ fragte der König.
„Das Licht“, antwortete die Schlange.
„Was ist erquicklicher als Licht?“ fragte jener.
„Das Gespräch“, antwortete diese.

Erlangen, 31. Mai 2016
Hanna-Barbara Gerl-Falkovitz

I. Der Alltag einer Frau

Maria

Das graue Pathos des Alltags

Der Alltag heißt in einem chassidischen Vergleich die „unfruchtbare Frau“: rastloses Arbeiten, immer dasselbe und trotzdem vergeblich. Den ganzen Tag füllt man Wasser in ein Gefäß, das den ganzen Tag ausrinnt. Alltagsarbeit wird nie fertig, ist lähmend unendlich. In dieser Tatsache liegt Leiden: mausgraues Leiden, unheroisches, manchmal lächerliches Leiden. In einer zeitgenössischen Witzfigur wird das gerne vorgeführt – im Junggesellen, der das generationenlange Frustrationstraining der Hausfrau noch nicht im Blut hat: Von der Vergeblichkeit zermürbt, kapituliert er vor dem Tausenderlei, das bei aller Mühe nicht abnimmt.

Hausarbeit ist aber nur eine besonders augenfällige Verdichtung des üblichen Alltags: sei es im Büro, im durchgeplanten Wochenablauf eines Beamten, Lehrers (auch an der Universität), Seelsorgers, einer Sekretärin ... Wie entkommt man dem Tod des immer Gleichen und Fruchtlosen, der unschöpferisch zerstäubenden Zeit? Es gibt mehrere Möglichkeiten zu entkommen, und zwar seien zuerst die irreleitenden aufgezeigt: gleichsam die Straßengräben rechts und links von der wirklichen und wirksamen Lösung.

Erster Irrweg: Frau duldet vor sich hin. Halb leidet, halb genießt sie den Eindruck, ein Aschenputtel zu sein und in der Asche zu sitzen, damit sich die anderen die Sonnenseite der

Welt teilen. Lust am Frust. Es wird einem ja nichts geschenkt, aber merkwürdig genug: Man gönnt sich auch selber nichts. Die Verführung liegt darin, dass solche „Ergebung“ durch Religion auch noch gestützt scheint. Denn wenn von Religion oder Gott die Rede ist, meldet sich oft als erstes Gefühl, dass damit etwas am Leben beschwichtigt werden soll. Zum Beispiel Leiden, auch das Leiden an Unterordnung und zäher Benachteiligung, das gleichsam – so wittert man – zu früh und kampflos in eine *Fiat*-Haltung abbiegen muss, sich nicht wehren darf, geschweige denn verändert werden soll. Religion lehrt also Dulden (meint man) ... Gott gönnt uns auch nichts (meint man) ...

Dieses klassische Vorurteil ist möglich und bestimmt viele „irgendwie“, weil das Religiöse nicht selten zu einem solchen Stillhalten eingesetzt wurde und auch eine unglückliche Auslegung an solchen Zwecken haarscharf entlangbalancierte. Zweck meint zum Beispiel, Religion zur Beruhigung zu verwenden, auch gegenüber sich selbst. Man kann das Heilige durchaus als Mittel zur eigenen Unbeweglichkeit, zum Einrichten in der Asche nutzen. (Deswegen immer ein kostbarer Rat der Meister, die im Selbstbetrug der Seele bewandert waren: auch auf die eigenen „besten Absichten“ zu verzichten und sich zu überlassen ...)

Solcher Missbrauch hält nicht Stand vor dem Ernst, wenn man den Blick wirklich auf Gott richtet (oder er Seinen auf uns.) Der Umgang mit Ihm ist nicht eigentlich einfach; er wird es erst, wenn man eigentümliche Schranken in sich selbst, die seine Nähe versperren, niedergelegt hat. Zu solchen Schranken zählt etwa die falsche Blickrichtung: vor allem die falsche und eingebildete Demut, oder eher noch: das Misstrauen gegenüber dem Leben. Mir kann's ja nicht gut gehen, ich bin für das Leiden aufgespart etc. Aber: Leiden hat nicht den Zweck, jemanden persönlich klein zu halten nach der „Absicht" Gottes. Und vor lauter Leidensfrust übersieht man den Augenblick, den Menschen, die Gabe, die einen nach der Absicht des großen Gebers glücklich machen sollte. Vielleicht sogar auf Dauer, mitten im Alltag und in der Wiederkehr der „normalen" Abhobelungen. Nein, Leiden meint nicht religiöse Tristesse, in die man sich widerwillig fügt. „Aber ihr, ihr habt sogar die Freude am gemästeten Kalb verloren", sagt Hildegard von Bingen (1098–1179).[1]

Leiden, dem wir nicht ausweichen können, hat nicht Zweck, sondern Sinn. Und das meint, ihm keine kleingedachte, kleinliche Absicht zuzulegen. Wir können nur von einem Antlitz her großen Sinn, unseren Sinn im Leiden erfahren und übrigens ertragen – auch ertragen, dass nach vielen Hungertagen das gemästete Kalb doch wieder zugerichtet wird.

Allerdings nicht ohne Gegenwehr unsererseits. „Das bin ich ja gar nicht wert." Sehr richtig, nur steht das für die Neuanfänge Gottes nicht zur Debatte. Vielfach verbirgt sich hinter den freudlosen Unterwerfungen eine hochmütige Selbstbescheidung, die so etwas wie Lösung, Blick ins Weite, Freudigkeit des Herzens gar nicht will. Oder noch nie so etwas wie Glauben an eine Lösung vollzogen hat.

Was das Ganze noch schwieriger macht: Diese hochmütige Bescheidung hat sich zu einem zweiten, verbreiteten Irrweg stilisiert, der dem ersten verwandt ist. Nur verkleidet er sich nicht mehr schein-religiös, sondern gibt sich als Frucht hoher und höchster religionsfreier Kultur aus: Man heroisiert sein alltägliches, ja lebenslanges Grau und leidet verbissen-tragisch.

Dies zelebrieren seit geraumer Zeit nicht wenige Vordenker und Wortführer der Kultur als die unerträgliche Düsternis des Lebens. Seit mehreren Generationen gibt es ein ungeheures, fast triebhaftes Widerstreben, auch und gerade bei bedeutenden europäischen Denkern und Literaten, an so etwas wie Seligkeit zu glauben, so etwas wie ein Dasein jenseits der Düsternis überhaupt zu wollen. Der absurde Sisyphus ist modern, der den Stein nach oben schleppt, von wo er herunterrollt und Sisyphus zum neuen Hinaufschleppen zwingt. Die tragische Geste ist modern, die umsonst das ewig Misslingende neu beginnt und über den Beginn nicht hinausgelangt. Die Verzweiflung ist modern, die auf das Leben spuckt, weil sie es nicht bestehen kann. Schauerlich-reizvoll scheint es zu sein, „Schmerz, Wut, Enttäuschung hinauszuschreien" – diese abgegriffene Wortfolge lähmt schon lange das Ohr. Wie fern liegt das ausgewogene Betrachten Hölderlins, der gewiss das Dunkel kannte, aber trotzdem ein Auge auch für das Helldunkel hatte – heute würde man den folgenden Satz vermutlich als Behagen verdächtigen: „Wie mit den Lebenszeiten, so ist es auch mit den Tagen, keiner ist uns genug, keiner ist ganz schön, und jeder hat, wo nicht seine Plage, doch seine Unvollkommenheit. Aber rechne sie zusammen, so kommt doch eine Summe Freude und Leben heraus." Eine solche Summe ist mittlerweile fremd geworden, scheint zu nahe am Kleinbürgerlichen. Auch die Philosophie hat diesem Gefühl nachgearbeitet. Wo liegt der Sinn des Daseins? Die berühmt gewordene Antwort füllt das ermattende Nachdenken, der Sinn des Daseins liege im Dasein selbst, das heißt in seiner Sinnlosigkeit. Diese unechte Armut gehört zu den großen, schwer auszuhebenden Schemen. Daher Vorsicht: „Die größte Sünde ist: wenn das Feuer gleichgültig wird ..."

Dann tut sich Schweigen oder mittlerweile die Esoterik auf. Und in beidem wirkt Trauer, aber mit dem Scharfsinn des Paulus gesehen die Trauer der Heiden. Diese weint um das Schale, gefällt sich aber in ihrer Vergeblichkeit, leitet Scheingefechte der Selbsterlösung ein – eine andere Art von Hochmut. Stattdessen wäre zu weinen um ewige Seligkeit, weil es sie gibt, bedrängend gibt, sie aber keinen Ort im Sprechen der Geistträger, der Intellektuellen hat. Weil das Glück wahr ist und nicht eine Erfindung der „Pfaffen“. Weil überhaupt alles wahr ist, von der Liebe angefangen bis zur widerlegten Verzweiflung und dem besiegbaren Teufel. Und bis zu Gott. Weil auch die Welt, ihre Sonnenaufgänge, Blitze, Morgenröten das sind, was sie scheinen: ungeheuerlich schön.

Der Schatz im Acker

Versuchen wir – in Gedanken –, den Auszug aus dem versagenden Zeitgeist und dem eigenen Pakt mit ihm zu vollziehen. Wie falsch ist das Nein aus einem Nein ... Kann der Schatz im Acker des Alltags wieder sichtbar werden, um dessentwillen sich der Ausbruch aus Sprachlosigkeit und Sinnleere lohnt? Das Reden über Sinngebung des Sinnlosen ist zu wenig. Wenn schon Selbstanklage, dann nur mit dem tiefen Recht derer, welche die ganze Wirklichkeit zulassen.

Alltag – nochmals: Das ist das Vorläufige, hundert- und tausendmal nutzlos Wiederholte, die reine Vergeblichkeit. Der Alltag ist das Unpathetische überhaupt, deswegen heißt er grau. Und doch ist genau darin der Schatz im Acker zu suchen oder er ist eben überhaupt nicht da. Wie verhält man sich richtig, weder mit der falschen Bescheidenheit noch mit der heroischen Trauer, zu der alltäglichen Abnutzung? Ginge es möglicherweise auch leicht, heiter, mit der Anmut des Geistes?

Gesucht ist der Mensch, der den Einsatz, den Anfang mitten im Vorläufigen leistet, dem das Vorläufige aber nichts ausmacht. So wünscht ihn sich die Philosophie, auch und gerade die atheistische, seit dem 19. Jahrhundert. Genau betrachtet wäre es der Mensch, der die Angst des Lebens verloren hat, die Angst nämlich, umsonst zu leben oder sich unberechnet zu verausgaben. Mit anderen Worten: Er hätte die Angst verloren zu sterben. Bei allem, was er tut, weiß er, dass es wieder aufhört, und trotzdem tut er es; die Vergeblichkeit des Endlichen schreckt ihn nicht, er nimmt diese Schranke ohne „Frust". Er kann „sterben", nicht nur am Ende, sondern in jeder seiner Handlungen. Solche Menschen sind „schön wie ein Ja in einem Saal voller Nein" (Euclides da Cunha).

Stattdessen übt man genau und instinktiv das Gegenteil: sich schützen, nicht in den Alltag ausleben, nicht zur Nahrung für andere werden – sich retten gegen die Zeit, gegen das Werden, auch gegen das Altwerden, immer grünen, immer vital sein – das ist der Zustand des unreinen, nicht-identischen Menschen. Und dieser alte Adam, diese alte Eva stirbt widerwillig unter den Forderungen des Alltags, empfindet darin Beschädigung.

Und doch gibt es etwas, das nicht abzuschirmen ist, weil es sich eigentlich gerne verausgaben will: zwecklos und überströmend. Die wohl dichteste Erfahrung davon geschieht dort, wo es um „Liebe" geht, und sei sie noch so folienhaft und kinomäßig. Liebe gelingt nicht im Abarbeiten, nicht im Stiersymbol des Pharao und seines Fronlandes, in welchem die Israeliten sich alltäglich bis zu Tode plagten. Sondern in ihr erscheint das

Dasein unangestrengt, von innen überfließend. Diesem Überfluss antwortet gleichzeitig etwas in der Wirklichkeit „aus freien Stücken". Denn was in der Liebe erstrebt, umworben wird, kommt bei aller Mühe doch auch „von selbst" zu, es kann ja gar nicht erzwungen kommen. Für alles, was man gerne tut, gilt die Regel: Hier hat alles Wollen auch etwas Gelassenes, weil darin die Bewegung sichtbar bleibt, sich etwas geben zu lassen. Das Gelungene ist immer auch zugefallen. Ein Beispiel: Als Michelangelo die Decke der Sixtina ausmalte, bedurfte es mehrjähriger harter Disziplin, ja Schinderei schon allein des Körpers, da das meiste im Liegen gemalt werden musste. Und trotzdem war in dieser Anstrengung auch ein Leichtes und Geniales: nämlich wie die meisten Striche hingesetzt wurden und aufs erste Mal saßen – wobei Michelangelo natürlich vorher Entwürfe ausgearbeitet hatte. Von jenem Spielerischen ist die Rede, das mitten in der Plackerei vorhanden sein kann, sie auch nicht auslöscht, vielmehr durchbricht. Ebenso gelassen antwortete Picasso auf die Frage nach seiner künstlerischen Eingebung: „Ich suche nicht, ich finde nur!"

Auch Nietzsches „Übermensch" wollte zu diesem letztlich frei und leicht gezeichneten Typus gehören. Ja, sogar zum Kind: „Unschuld ist das Kind und Vergessen, ein Neubeginnen, ein Spiel, ein aus sich rollendes Rad, ein heiliges Ja-Sagen."[2] In den beiden vergangenen Jahrhunderten gab es mehrere Entwürfe des neuen, unabgenutzten, spontanen Menschen, der „liebend" seinen Einsatz leistet und den Alltag überflügelt. Nur findet sich in den Entwürfen eines nicht: Ein solches Dasein kann nicht durchgehalten werden, weder denkerisch noch im Leben. Die Entwürfe kennzeichnen eine rein menschliche Erfüllung, aber wohlweislich als „Utopie" oder „Prinzip Hoffnung“, das sich nicht einlösen muss, weil es sich nicht einlösen kann. Im Grunde bedarf es einer Verfallstheorie, böser gesagt einer theoretischen Ausrede, weshalb dieser Mensch nie konkret wird, immer nur „am Horizont“ ist.

Aber wie kommt Erfüllung wirklich zustande? Ihr fehlt ein Baustein, nämlich ein Gegensatz, der sich paradox ausnimmt: zwei Enden, die sich logisch gesehen ausschließen. In gedanklicher Zergliederung lassen sich Dinge auseinanderhalten, die wirklich und wirksam zusammengehören. Solches Zergliedern gilt auch für das atheistische Denken der beiden letzten Jahrhunderte, erst recht für die Literatur des Absurden, sei es bei Camus, Sartre oder Joyce. Jene zwei Enden, die sich schwer zusammenbringen lassen, lauten: dass es eine absolut erfüllte hiesige Welt gibt, einen voraussetzungslosen Einsatz, den Anfang inmitten der Endlichkeit, dass aber der sich einsetzende Mensch trotzdem ein absolut Gehorchender ist. Anders ausgedrückt: Es gibt ein Hören, Zuhören, Zugehören zu Gott, das vollendet schöpferisch ist. Und der Mensch, der frei ist, sich frei fühlt, selbstverantwortlich handelt, erhält diese Freiheit zugleich als Geschenk – aber: Das Geschenk erniedrigt ihn nicht. Für Nietzsche hatte Gott Angst, den Freien neben sich wachsen zu lassen, wegen einer Schmälerung seiner selbst. Wo Gott ist, kann ich nicht sein, hieß das atheistische Dogma. Deswegen ertrotzt, erschafft sich der Freie die Freiheit – erzeugt sie für sich selbst, in dauernder Anstrengung gegen Gott. Aber zu denken und zu erleben wagt er nicht, dass Freilassen zu Gottes eigenem Wesen gehört, dass Er sich selbst zerstören würde, würde Er Unfreie um sich dulden – dass es eine Vaterschaft gibt, in der jeder im Maße des Empfangens seine Freiheit findet. „Gott ist so frei, dass er nur Freie um sich duldet“, so Thomas von Aquin. Und der Dank dafür ist nicht wieder ein neues Ducken, sondern erst recht ein Aufrichten.

Aus einer solchen Erfahrung heraus wird Alltag, alltägliches Abnutzen und Kraftvergeuden eine „fruchtbare Frau". Arbeit ist Widerstand, ohne Zweifel, und Schleifstein. Aber zugleich ist sie auch Zugang zum Lebendigen, das wie belebendes Grundwasser in den gewohnten Pflichten aufsteigt. Gott ist „des Stromes Ungestüm, der seine Stadt erfreut" (Psalm 46,5). Und zwar dann, wenn der alltäglich gebundene Mensch das Andrängende als Auftrag nimmt. Im Ergriffenwerden durch den alltäglichen Dienst richtet der Mensch sich auf, lebt auf, greift selber aus. Der Anruf wandelt sich in Kraft. Es ist älteste Erfahrung: Solcher Dienst beugt nicht, sondern stärkt. Wen Gott berührt, der ist nicht Sklave, sondern Freier. Das ist nicht als theologische Schreibtischerkenntnis oder gut versponnene Mystik gemeint, sondern das meint Alltag und ist an seinem Probierstein zu prüfen. Denn Gott sehen wir nicht, wir hören ihn nicht. Aber jede sinnvolle Forderung ist sein Wort; überhaupt wo Sinn ist, ist Er. Auch hier ist Er im Kleinen, im leisen Wehen, nicht in Donnergetöse und eindrucksvollen Blitzstaffagen – wie Elija auf dem Berge das Kommen Gottes fast nicht merkte, weil er auf Erdbeben und Gewalt eingestellt war ... Die Epiphanien Gottes sind alltäglich-keusch, seit jeher. Und doch so wirksam im Alltäglichen, dass jedes Aufgreifen einer Aufgabe, *meiner* Aufgabe, aufrichtet, kräftigt. So genau sind auch die Leiden als Aufgaben gemeint, dass selbst sie nicht bloß leidend, sondern Kraft entbindend wirken. Gott modelt – als großer Modellierer – ohne Aufhebens, aber so, dass der Widerstand des Menschen zur Zustimmung wird und Erneuerung und Umwandlung die Mühe begleiten. Wenn ein *Fiat* nötig wird, dann in der Weise, dass man sich dieses Kostbare wünschen, darum bitten soll. Louise Labé formulierte 1555, im Vierten Sonett ihrer von Rilke übersetzten französischen Liebesgedichte:

Je mehr der Gott uns zusetzt, desto mehr
sind unsre Kräfte unser. Wir verdingen
nach jedem Kampf uns besser als vorher.
Der uns und Götter übermag, ist denen
Geprüften nicht ganz schlecht: Er will sie zwingen,
sich an den Starken stärker aufzulehnen.

Herrin, die die Gassen ins Frohe öffnet

Wo gibt es wirklich, nicht erträumt, das lebendige Leben, das den Alltag durchdringt? Wo gibt es wirksam, nicht theoretisch, die Freiheit, schöpferisch zu arbeiten mitten im Geringen und nicht scheu den Kopf vor der Freude wegzuwenden, weil „ich ja nicht gemeint sein kann"? Diese Erfahrung hat das Christentum an Maria erfasst. Oder anders: Es ist in ihrer Gestalt etwas gänzlich Unerwartetes aufgetreten. Nämlich die Tatsache, dass im irdischsten aller Alltage, im Weben, Wasserholen, Brotbacken, Feuermachen, im Empfangen und Zur-Welt-Bringen, ja auch im Verlieren und Bestatten-Müssen um die Welt Gottes gesorgt wird. Dass das Arbeiten sich hier auf das unbedingte Leben richtet, das im durchaus Bedingten durchscheint. Der große Irrtum besteht darin, dieses Eingegrenzt-Kleine habe nichts mit Gott zu tun, sich zu verschwenden oder vielmehr sich abhanden zu kommen mache letztlich gesichtslos. Dagegen steht die klassische Erfahrung Israels, und sie verdichtet sich gänzlich in der Erbin solcher Erfahrung, in Maria. Gott ist gerade im Genauen wirksam, an bestimmten Orten, zu einer bestimmten Zeit, nicht überall und überhaupt und gleichzeitig nirgendwo. Und gerade so macht er den Alltag damit zum All-Tag (mit dem Genie der Sprache ausgedrückt).

Michelangelo formulierte ein seltsames Gedicht (wieder in der Übersetzung Rilkes):

Ein Mann aus einer Frau, ein Gott sogar
spricht da durch ihren Mund.
Ich hör es und
kann nie mehr wieder mein sein, wie ich's war.
Ich meine, sonderbar
aus mir herausgerückt,
von außen Mitleid mit mir selbst zu fassen.
Weit über leerer Lust Gefahr
hat mich ihr Angesicht entzückt
und andrer Schönheit nur den Tod gelassen.
O Herrin, Gassen
ins Frohe öffnende durch Flut und Feuermeere,
gib, dass ich nie mehr in mich selber wiederkehre.

Gott durch eine Frau – darin liegt der springende Punkt. Das heißt nämlich: Gott nicht in seiner verzehrenden Gestalt, sondern als Kind und Sohn und einer Sippe zugehörig, eben alltäglich. Von Windeln ist biblisch die Rede, auch von Untertansein, von Zimmermannsarbeit. Und man kann wohl sagen, dass diese Frau die Gassen durch Gottes Flut und Feuermeere bahnt, dass sie erträglich macht, wo sonst der Erschreckende stünde. Schon die Erzählung des Lukas von der Verkündigung zeigt dieses Klare, zeigt einen ungeheuren Vorgang überschaubar. Denn in Nazareth wird keine unbewusst bleibende Frau überwältigt, wie in den Mythen die Götter ein Gegenüber in vielen Masken täuschen und vergewaltigen. Bei Lukas bricht der Souverän auch gar nicht ein, zwingt nicht, verführt nicht, täuscht nicht. Im Gegenteil: Er kommt durch einen Dritten, den *angelos*, der den Freiraum für Rede und Gegenrede, für Wort und Frage auftut. Und es ist echte Frage aufseiten Marias, wie es echte Bitte aufseiten des Souveräns ist. Anders gesagt: Dieses Treffen bleibt menschlich, gleitet nicht weg ins Rauschhafte, Animalische, Dämonische, Ekstatische im trüben Sinn. In Maria verdichtet sich alles, was menschliche und geistvolle Freiheit heißt, was Aufrechtstehen und Klaren-Kopf-Behalten meint. Und aufrecht entschließt sie sich zu allem, was geschehen soll, was ihr zufällt, was sie empfängt. So wird – dem Denken kaum nachvollziehbar – Gott ihr Alltag, der Lebensraum für das Göttliche ihr Werk. Aber keineswegs so, dass sie etwas vorausḧatte in dem Sinn, dass ihr Arbeiten nun viel beschwingter und durchsichtiger wäre als das normale. Gott kam ja in Gestalt von Nichtgott. So war ihre Prüfung wohl auf andere Weise nicht einfacher als die gewöhnliche. Dass sie aber Gott in sein Eigentum aufnahm, nämlich in den Alltag, ist dasjenige, was wir aus falscher Demut und eingefleischter Kleinlichkeit nicht tun. Hier schließt sich der Kreis mit dem obigen Verdacht, dass Gott sich nicht „so irdisch" auf den Menschen einlassen kann und will.

Darin sitzt genau, was mit dem alten Wort Sünde gemeint ist und umgekehrt mit der Sündelosigkeit Marias. Denn die Liebe springt über die eigenen Grenzen, rennt hinaus in die Gassen, bahnt sich Wege durch Flut und Feuermeere, holt den Geliebten herein, auch in das Unfertige und Arme. Aber die Nichtliebe = Sünde wagt nicht und gewinnt nicht; sie hält klein und den Löser fern. Nehmen wir die herbere Gestalt einer anderen Frau, die uns ähnlich ist und deswegen tief im Zwiespalt steckt. „Die Liebe vereint, die Sünde trennt. Aber die büßende Liebe hat etwas von beiden. Magdalena stürzt zu Jesu hin: das ist die Liebe; Magdalena wagt nicht, sich Jesus zu nahen: das ist die Sünde; sie tritt mutig ein: das ist die Liebe; sie nähert sich in Angst und außer sich: das ist die Sünde: sie macht die Füße Jesu duften: das ist die Liebe; sie begießt sie mit ihren Tränen: das ist die Sünde; sie löst und vergeudet ihr Haar: das ist die Liebe; um die Füße Jesu zu trocknen: das ist die Sünde; sie ist gierig und unersättlich: das ist die Liebe; sie wagt nichts zu begehren: das ist die Sünde. Aber sie weint, aber sie seufzt, aber sie schaut auf, aber sie schweigt: Das ist die Liebe und die Sünde in einem."[3]

Doch die eine große Tochter Israels in Nazareth wagt, verlässt sich (im schönen Doppelsinn des Wortes), vergisst sich und die eigene Einschätzung, sich und die eigene Kleinheit. Das heißt, sie erinnert sich wohl im *Magnifikat* an die „Niedrigkeit seiner Magd", aber der Gedanke daran hindert sie nicht, sich für alles Kommende bereitzuhalten. Dieser „Auszug aus sich selbst" und aus der eigenen Grenze, nämlich der menschlichen Selbstverschließung, ist etwas Ungeheuerliches, das an Maria anschaulich wird. Denn sie gibt die Psychologie des Menschen, der an Gott geraten ist. Sie ist Feuer vom Feuer geworden, Strom vom Strom, durch die Berührung mit dem göttlichen Magneten selbst ein Magnet. Etwas anderes, nein, jemand anderer hat die Mitte des Denkens und Tuns besetzt, und die Seele hat dort abgeladen und sich wie nie zuvor aufgerichtet, ist jetzt größer als zuvor. „Sonderbar aus mir herausgerückt", hieß es oben und mündete in die dringliche Bitte: „Gib, dass ich nie mehr in mich wiederkehre“ – an die Herrin gerichtet, die selbst und in derselben Weise vorauslief.

Der Vorgang ist vom Buch her und als theologischer Gedanke bekannt: Abladen (sich selbst nämlich) und Neugeburt. Obwohl es ein wunderbarer Vorgang ist, erzählt man anderen meist nur in Stunden schweren Leides zum Trost, dass es so etwas (vielleicht) gebe. Aber wer es selbst erlebt hat, wird nicht mehr schüchtern und mit falsch klingender Stimme davon reden, und auch nicht nur in schweren und sonst unerträglichen Fällen, sondern eben immer, alltäglich. Die biblischen Berichte haben in ihren Aufzeichnungen den nüchternen Ton, der weiß, was er sagt, der weiß, warum er es sagt. Und der deswegen sich nicht scheut, altbekannten Trost als heute wirklich, als wahrhaft wirksam, am eigenen Leben überprüfbar anzuführen. Es ist keineswegs leicht, im Religiösen zu lügen; das Sensorium dafür ist sehr fein und wird unfehlbar reagieren. Auch wer Durst hat, kann nicht versalzenes Wasser trinken. Die Sicherheit, mit der Maria im *Magnifikat* das Getragenwerden von Gott ausspricht, stammt vom frischen Wasser. Solche Sätze haben das Siegel der Wahrheit an sich: Es gibt die Kraft von der anderen Seite. Es gibt die Liebe, von sich wegzulaufen. So liegt auch eine unbeweisbare, aber große Gewissheit in dem Wort, dass Maria die Gassen ins Frohe öffnet, dass sie der Trost der Betrübten ist, der Trost aller wehen Herzen. Und wenn ihre großen Betrübnisse aufgehellt worden sind, die aus der Liebe stammten, dann werden auch unsere kleinen Betrübnisse aufgehellt, die aus der Nichtliebe stammen – und zwar immer in derselben Bewegung: indem wir den selbstgezogenen Kreidekreis verlassen und dem Souverän zulaufen.

Solches Überlassen ist leicht, heiter, anmutig. Religion lehrt nicht das Dulden, sie lehrt das unpathetische Durchstehen und Loskommen. Romanos der Melode, der wunderbare Grieche, sagte auf seine unnachahmliche Weise: „Bethlehem öffnete Eden ... Kommt, lasst uns empfangen die Paradiesesgaben in der Höhle."

1 Hildegard von Bingen, Umarmt vom lebendigen Licht. Prophetische Worte und Gebete, hg. v. Maria-Assumpta Hönmann, Freiburg 1993, 81.

2 Friedrich Nietzsche, Also sprach Zarathustra, I, KSA 4, 29.

3 Die Liebe der Magdalena. Ein französischer Sermon, gezogen durch den Abbé Joseph Bonnet aus dem Ms. Q I 14 der Kaiserlichen Bibliothek zu St. Petersburg, übertr. durch Rainer Maria Rilke, Leipzig (1912) ^{2}1919.

II. Christin – Kaiserin – Europäerin

Theophanu (959–991)

Glutschrift des verborgenen Herzens
unter Perlen und Juwelen ...
Maria Eschbach[1]

Einem zählebigen Vorurteil widersprechend, hat das Mittelalter in seinen Führungsgestalten keineswegs ausschließlich Männer oder gar Kleriker (als deren Drahtzieher) zu verzeichnen. Vielmehr erscheinen zahlreiche, in der Regel bedeutende Frauen auf der Bühne politischer Gestaltung. Einem verwandten Vorurteil zuwider sind diese Frauen keineswegs nur als Gattin, Mutter, Tochter tätig, sondern planen selbstständig in öffentlichen Belangen und weiträumigen geschichtlichen Entscheidungen. Bereits in den frühen Jahrhunderten zu Beginn der deutschen Geschichte lassen sich hervorragende Frauen, die als Herrscherinnen unmittelbar oder mittelbar hervortraten, ins Auge fassen. Die Reihe beginnt bei der Langobardin Galla Placidia, umfasst nicht wenige Merowingerinnen und führt bis zu Adelheid, der „Mutter der Königreiche" und Schwiegermutter Theophanus.[2]

Gerade bei den Sachsenkaisern nahmen Frauen nicht nur einen objektiven, sondern im Bewusstsein des Volkes hervorragenden Anteil an den Weichenstellungen der Politik. Solcher Einfluss galt nicht minder für die Kulturgeschichte, nämlich für die Kultivierung bäuerlicher Lebensart, für die allmähliche Überführung heidnischer Praktiken ins Alltagschristentum, letztlich für die sittliche und künstlerische Hebung des

Volkes und die Angleichung der unterschiedlichen Lebenswelten des mittelmeerischen und nördlichen Europa.[3]

Was hier behauptet ist, erhält griffigere Kontur durch die Gestalt der Theophanu, die familiär wie politisch mitten unter den drei Sachsenherrschern von Otto I. bis Otto III. stand. Theophanu heißt wörtlich übersetzt die „Gotteserscheinung": eine aus großer Ferne kommende Frau, reizvoll-fremdländisch im Aussehen, ungewöhnlich im Charakter, der die Verbindung der morgenländischen Hochkultur mit dem abendländischen Anfang als Aufgabe zugewiesen war. Als Nichte des Kaisers Johannes Tsimiskes, der selbst kinderlos blieb, war Theophanu Inbild einer ungleich überlegenen Kultur: Ostrom verstand sich als rechtmäßige Nachfolgerin der zur Bedeutungslosigkeit abgesunkenen Stadt Rom. Mit dem Glanz der Hagia Sophia, unterstrichen durch die hohe religiöse Bedeutung des Patriarchensitzes, mit der Schönheit seiner kaiserlichen Paläste und der einzigartigen Kunstfertigkeit seiner Handwerker und Künstler fand Konstantinopel keinen Vergleich auch noch so entfernter Art im sich formierenden Abendland. Karl der Große hatte um 800 versucht, die Größe des antiken Kaisertums durch seine Krönung in Rom wiedererstehen zu lassen – selbstverständlich nicht anerkannt in dieser Absicht von Konstantinopel, das sich die einzige Nachfolgerin des römischen Imperiums glaubte. Griechisch sprechend, nannten sich die Einwohner Konstantinopels ausdrücklich „Romäer", Römer, da sie nach ihrem Selbstverständnis griechische Kultur und römische Weltherrschaft glücklich verbanden. Als der Sachse Otto der Große in der Nachfolge Karls auf den Gedanken kam, eine „purpurgeborene Prinzessin" dieser prachtvollen und konkurrenzlosen Welt als Gattin für seinen Sohn und Mitregenten Otto II. zu erbitten, wurde der Unterhändler beim ersten Anlauf ohne Nachdenken abgewiesen, so wenig standesgemäß war die Bewerbung überhaupt. Erst das Verhandlungsgeschick des zweiten Unterhändlers, des Bischofs Gero von Köln, erreichte tatsächlich eine Verlobung innerhalb der kaiserlichen Sippe; freilich ist auffallend, dass die zeitgenössischen griechischen Quellen die auswärtige Verheiratung einer dann allerdings nicht purpurgeborenen Prinzessin überhaupt nicht erwähnen, während die westlichen Historiker das unvergleichliche Ereignis immer wieder behandeln.

Theophanu stammt, wie mittlerweile mit Sorgfalt rekonstruiert ist, von zwei großen byzantinischen Adelshäusern ab: Über den Vater von den Skleroi, über die Mutter von den Phokades. Die Mutterlinie verbindet sie mit Kaiser Nikephoros II. Phokas (963–969), dessen Gattin, Theophanu die Ältere, wohl ihre Patin war. Desgleichen ist sie mit dem nachfolgenden Kaiser Johannes I. Tsimiskes verwandt, als dessen Nichte sie gilt. Es ist anzunehmen, dass Theophanu in Armenien geboren wurde und wohl auch ein armenisches Aussehen hatte, wenn sich auch über ihre Eltern keine weiteren Angaben machen lassen. Jedenfalls wird das Mädchen in einem der kaiserlichen Paläste in Konstantinopel erzogen und bringt eine hervorragende Bildung nach Westen mit, wo sie später selbst ihren Sohn in ähnlicher Weise erzog. Die Hochzeit mit Otto II. im April 972 in Rom ging sie natürlich im Rahmen politischer Verpflichtung ein. In den späteren Jahren lassen sich aber manche Hinweise auf eine gewachsene innere Nähe des Paares finden: Otto II. wird zum Beispiel den Einfluss seiner mächtigen Mutter Adelheid zugunsten Theophanus deutlich zurückdrängen; auch zeugen fünf Kinder, von denen freilich das letzte Zwillingstöchterchen bald nach der Geburt starb, für die eheliche Liebe.

An der 12-jährigen Braut fällt nach den Zeugnissen auf, dass sie, wenn auch charakterlich gewiss noch nicht reif, doch bereits ihren hohen Rang zu vertreten wusste. Es ist anzunehmen, dass sie ihre Heiratsurkunde, welche als schönste Urkunde des Mittelalters gilt, selbst im Wortlaut mitbestimmte und den ungewöhnlichen Titel „coimperatrix“ einfügen ließ. Zudem scheint Theophanu auf ihren Schwiegervater Otto den Großen deutlichen Eindruck gemacht zu haben, da sie gegen manche abneigende Stimme, ja gegen eine Partei, die sie zurückschicken wollte, seine Zuneigung gewann. Letztlich ist die kluge Art ihres Umgangs mit der Schwiegermutter Adelheid, die sich ein wenig resigniert nach Oberitalien zurückgezogen hatte, ein Zeichen für die wachsende Reife und Ausgewogenheit der noch jungen Frau: Theophanu suchte Adelheid nach dem Tode Ottos II. auf und gewann sie für ihre politischen Pläne.[4]

Die Christin

Stellt man die Frage nach Theophanus religiöser Kontur, so lässt sich von Anfang an nur unter einer Einschränkung fragen: Über den Abstand eines Jahrtausends hinweg können nur spärliche Überlieferungen sprechen. Zu diesen Überlieferungen zählt, dass Theophanu die hohe Formalität des damaligen Gottesdienstes schätzte und die fraglose Verehrung alles Heiligen übte. In beidem hinterließ sie eine leuchtende Spur: Ihre Prägung des Christentums in seiner byzantinischen Hochform auf die Kirche des Abendlandes ist bezeugt.[5] Auch führte die Kaiserin große Gestalten des morgenländischen Christentums ein: den Großmärtyrer Pantaleon, den Bischof Nikolaus von

Myra an der kleinasiatischen Küste, den Mönch Alexius, dessen Mönchsgemeinschaft den Regeln des östlichen Basilius ebenso wie des westlichen Benedikt folgte.[6]

Theophanus Auffassung des Christentums war zudem von der heute kaum noch verstandenen Haltung geprägt, die Gestalt des Gottessohnes sei in der irdischen Weltzeit nicht allein durch die fünf Häupter der Kirche, nämlich die fünf Patriarchen, vertreten. Vielmehr sei ebenso die Macht des Kaisers unmittelbar sakral: Vertretung des Weltenherrschers. Dem gesamten Kaiserhaus ist damit eine unbedingte ontologische, nicht persönliche Heiligkeit zuerkannt, die ihrerseits zu außergewöhnlichen und nicht kritisierbaren Taten verpflichtete. Theophanu trug mit Sicherheit in sich das Bild des herrscherlichen Christus als das Urbild eigener Macht und Unanfechtbarkeit ihrer Entscheidungen, ja stand selbst unter einer unerbittlichen Verpflichtung zur Heiligung des Lebens. Salbung und Krönung zum Kaiser, die sie für ihren dreijährigen Sohn Otto III. nach dem Tod des Gatten durchfocht, zeigen ihre ausdrückliche Bewusstheit von der Heilswürde des Kaisertums, die sich auch in ihrer Person unmittelbar manifestierte. Denkwürdigerweise wird sie auf einem der wenigen erhaltenen Elfenbeinreliefs (heute im Pariser Museum Cluny) nach einem byzantinischen Typus abgebildet: Der erhöht stehende Christus legt den gleich großen Gestalten Ottos wie seiner Gemahlin die Hand auf die gekrönten Häupter, womit er unmittelbar seine eigene Macht auf sie überträgt. Beide sind als Imperator und Imperatrix Romanorum gekennzeichnet, wobei dieser Zusatz erneut die eigentlich bestrittene Anspielung auf das eine Römische Reich unter westlicher Führung enthält. Als 976 Kaiser Johannes Tsimiskes verstorben war, erhob Theophanu sofort Anspruch auf Apulien und Sizilien, gewissermaßen als Vorposten des byzantinischen Reiches. Die Gleichzeitigkeit von imperialer und sakraler Einzigkeit des kaiserlichen Paares wird auf diese Weise durch Theophanu selbst bestärkt.[7]

Eine derartige Kultur objektiver Frömmigkeit wird heute nur mehr durch die Brechung psychologischer und individueller Regungen wahrgenommen, wie sie im Grunde erst das späte Mittelalter und die frühe Neuzeit als subjektive Empfindungen für das Religiöse entwickeln. Auch Theophanu hat persönliche Züge, die freilich nicht im modernen Sinne psychologisch gedeutet werden dürfen, etwa die überlieferte Liebe und Besorgnis um ihre vier Kinder, die früh verwaisten. Denn die Kaiserin sah in den drei Töchtern Mathilde, Adelheid und Sophia sowie dem Thronfolger Otto nicht erstrangig die eigenen Kinder, sondern dem Stil der Zeit entsprechend die Repräsentanten göttlicher Huld und unbezweifelter Gnadenwahl. Mit Sicherheit gehört Theophanu einer religiös älteren und subjektiv kargeren, wenn auch im Ausdruck keineswegs ärmeren Zeit an. Diese Zeit lässt sich bekanntermaßen an ihrer „Objektivität" im Umgang mit dem Göttlichen fassen, das heißt in der nicht gefühlsbetonten oder stimmungsabhängigen Verehrung, vielmehr in der strengen und verpflichtenden Umsetzung der Heilsgeschichte in irdische Geschichte. In diese gewissermaßen ontologische Auffassung des Göttlichen ist Theophanus Frömmigkeit einzuordnen. Sie selbst als Kaiserin und Mitregentin ist Abbild des göttlichen Herrschens; ihr Tun und Lassen ist unzweifelhaft unter klarer Führung durch den göttlichen Willen zu sehen. Solche sachbezogene „Heiligkeit" einer Amtsträgerin lässt Theophanus individuelle Züge nicht deutlich hervortreten. Machtstreben und imperiales Denken, erstaunlicherweise sogar gegen ihre Ursprungsfamilie, sind durchaus identisch mit dem Streben nach Erfüllung des göttlichen Willens. Steigerung kaiserlicher Macht ist immer zugleich Anschaulichkeit göttlicher Allmacht. Eine starke Führung ist ohne Zweifel ein besserer Reflex göttlicher Souveränität als ein schwacher und blinder Spiegel. Hier trifft ein dem modernen Bewusstsein ferngerücktes Streben nach politischer Größe mit dem Streben nach göttlicher Bestätigung zusammen. Im Falle von Theophanu sind viele Widerstände, die die kurze Lebenszeit ihres Gatten überschatteten, durch ihre selbstbewusste, kraftvolle Politik überwunden worden, wodurch sie sich selbst wie ihren Sohn allen sichtbar als die werkzeugliche Hand Gottes darstellte.

Die Kaiserin

In Theophanus Gestalt vereinen sich nicht so sehr Ost und West, zumal sie die Bedeutung des Westens durchaus auf Kosten des Ostens stärkte, als vielmehr „Gnadenwahl" durch hohe Abkunft, entschlossene Wahrnehmung der Macht und Bestätigung durch ungewöhnlichen Erfolg. In diesen Bestandteilen liegt aber letztlich die religiöse Geltung des kaiserlichen Alleinanspruchs auf die Herrschaft über die „Erde".

Viel ist geschrieben worden zum inneren Gehalt des Brückenschlages und zur politischen Klugheit, die sich in der geschichtlichen Angliederung des neuen Barbarenreiches im Westen an die ungebrochene Tradition des Imperiums im Osten zeigte – ein damals freilich fast hybrides Unternehmen, das aber durch die Dynamik der Geschichte unerwartet bestätigt und letztlich gegen den Osten durchgesetzt wurde. Dass Konstantinopel mithilfe westlichen Verrats, genauer mithilfe der

Republik Venedig, 1453 an die Türken fiel, ist der letzte Akt eines Prozesses, der im Grunde durch Otto den Großen eingeleitet worden war: die Reichsidee für das noch undefinierte, wesentlich barbarische, vom Christentum gerade erst berührte germanische Reich in Anspruch zu nehmen und ältere Ansprüche schlechthin einzubinden. Zum Zeitpunkt der Hochzeit der Prinzessin Theophanu 972 war diese Entwicklung noch keineswegs abzulesen. Freilich deutete sich bereits ein gewisser räumlicher und personenbezogener Machtwechsel an: Theophanu und Otto II. wurden vom Papst in Rom getraut, Theophanu zur Kaiserin des Imperiums gekrönt.[8] Die Frage erhebt sich, was hier unter Imperium verstanden wird. Es kann nur das Westreich gemeint sein, das sich aber in solcher Formulierung als das einzige Reich darstellt. Jedenfalls war Theophanu lebendiges Symbol für die Übernahme und Einverleibung Ostroms in die bereits existierende, jedoch weder geografisch noch kulturell gefüllte Idee des *einen* Römischen Reiches.[9]

Die junge, mit luxuriöser Mitgift ausgestattete und kulturell ebenso fremde wie überlegene Griechin war zunächst in diesem weit ausgreifenden Schachspiel nur eine unbekannte Figur. Wie weit sie sich selbst über die Symbolik ihrer Einheirat, geschweige denn über die geschichtlichen Folgen dieses kühnen Planes im Klaren war, lässt sich aus den spärlichen Quellen nicht erschließen. Eines ist jedoch ohne Zweifel zu sagen: Theophanu füllt im Laufe der verhältnismäßig kurzen Zeit ihres Wirkens die ihr zugedachte, mehr noch erwünschte Aufgabe glänzend aus. Vielleicht schafft sie sogar erst durch ihr geschicktes, tatkräftiges, inspiriertes Eingreifen mit an der Vision eines neuen germanischen Europa auf der Basis des griechisch-römischen Kulturbodens. Denn Theophanu wird in mehrfacher Hinsicht in die Geschicke des sächsischen Kaiserhauses, damit aber auch des neu entstehenden Westreiches, eingreifen, in der Regel glückhaft. Zu beginnen wäre mit ihrer eigenen, anmutig-fremdartigen, schönen und kultivierten Gestalt: Sie wird unbekannte Seidenstoffe, neuen Schmuck und die dazu gehörenden Techniken, überhaupt die Insignien des kaiserlichen Habitus mit sich bringen. Zu ihrem 1000. Todestag 1991 wurde in eindrucksvoller Weise die künstlerische und handwerkliche Spur, welche die Prinzessin unmittelbar in die abendländischen Werkstätten eintrug, dokumentiert: von der Textilkunst über die Goldschmiedearbeiten bis zu Buchmalerei und Elfenbeinschnitzerei.[10]

Theophanus unmittelbares Wirken zeigt sich am klarsten in der erstaunlichen Gestalt ihres Sohnes Ottos III.[11] Der Griechisch und Lateinisch gleichermaßen beherrschende, die Wissenschaften der Zeit fördernde zarte Sohn wird in Rom als der neu-alten Hauptstadt der Welt die Idee des einen Reiches zu veranschaulichen suchen. Er beginnt einen kaiserlichen Palast auf dem Aventin zu bauen, um in dem bis dahin hauptstadtlosen Reich zu residieren. Nur sein unerwartet früher Tod im Jahr 1002 verhinderte den hochfliegenden Plan, bereits um die Jahrtausendwende die eine und einzige Reichsidee wieder sichtbar in einer Person, an einem Ort und in einer einzigen maßgeblichen politischen Führung vorzustellen. Wieder ist es Theophanu, die in der Zeit der Unmündigkeit ihres Sohnes und ihrer damaligen Alleinherrschaft für diesen Plan alle Gegenkräfte ausschaltet und selbst dem Sohn den Wunsch nach solcher Politik vermittelt – im Grunde eine Entscheidung gegen den älteren Anspruch des byzantinischen Reiches. Wie dieser Kampf für das Westreich gegen die alte Verwurzelung in ihr Platz griff, lässt sich aus der Entfernung über tausend Jahre hinweg nicht mehr bestimmen. Dass sie tatsächlich in die Vision ihres Schwiegervaters Ottos des Großen einstimmte, ist eine der nicht mehr zu entziffernden Wandlungen ihrer politischen Führungspersönlichkeit, in deren Verlauf die Geschicke mehrerer Jahrhunderte mit umgeschrieben wurden.

Die Europäerin

Nach der verheerenden Niederlage Ottos II. gegen die Sarazenen im Juli 982 bei Cotrone, ferner nach dem Aufstand der Slawen, welche die Ostmarken im Sommer 983 überrannten, letztlich nach dem unerwarteten Tod Ottos II. im Dezember desselben Jahres in Rom war der innere Friede des Reiches aufs Höchste gefährdet. Zudem war der unmündige Thronfolger Otto III. von seinem Stiefonkel Heinrich dem Zänker entführt und unrechtmäßig in dessen Vormundschaft überstellt worden. Nach der Bestattung ihres Gatten in Rom reiste Theophanu über Mailand, wo sie die Schwiegermutter Adelheid aufsuchte und offensichtlich auf ihre politische Linie einschwor, zurück nach Deutschland, um die höchst verunsicherte Lage Schritt für Schritt zu befrieden. Tatsächlich schaffte sie es innerhalb weniger Monate, vom bayerischen Herzog ihr Kind unter die eigene Vormundschaft zurückzuerhalten und auf dem Quedlinburger Hoftag an Ostern 986 eine breite Zustimmung für den Thronfolger zu erreichen.

Nach dieser Befriedung begann ihre unglaublich ausgreifende, einzigartige „Europapolitik". Als Erstes sicherte sie die Grenze im Osten und Nordosten des Reiches durch erfolgreiche Bündnisse bis zum Herbst 988 auf Dauer. Theophanu schloss sogar ein Abkommen mit Schweden und band auf kluge Weise die slawischen Fürsten in ihre Absichten ein. Gleichzeitig versuchte sie, das aufsässige Lothringen der Karolinger durch die Einsetzung der Kapetinger in Zaum zu halten, was freilich nur zum Teil gelang. Im Herbst 989 begann eine offensichtlich geplante und nicht nur durch die Umstände erzwungene europäische Neuorganisation. Theophanu errichtete eine Reichskanzlei für Italien, reiste im Herbst und Winter 989/990 selbst dorthin, schickte eine Gesandtschaft nach Kiew zu den Rus, an welchem Hofe im Übrigen die eingeheiratete, byzantinisch-purpurgeborene Prinzessin Anna lebte, der sie Reliquien überreichen ließ. Ungarn und Polen wurden durch Verträge gebunden und ausdrücklich dem westlichen Kaisertum als Könige zugeordnet. Diese gedankliche Weite hatte Theophanu offenbar im Austausch mit Bischof Adalbert von Prag erworben, der später von den heidnischen Pruzzen erschlagen wurde. Gespräche mit Adalbert hatten an Weihnachten 989 in Rom zum Sechs-Jahres-Gedenken des Todes Ottos II. stattgefunden und einen einzigartigen Plan für eine Friedensordnung Europas unter kaiserlichem Schutz hervorgebracht.[12] Die Kunst hat ein wundervolles Zeugnis dieser Konzeption bewahrt: Das Widmungsbild des Aachener Liuthar-Evangeliars stellt Otto III. als Kaiser und „Vater“ der Könige und Herrscher Europas als seiner „Söhne“ dar, wobei Otto unmittelbar von Christus gekrönt und von ihm überwölbt wird, selbst aber in einer eigenen Mandorla dem ewigen, mehr als irdischen Bereich zugehört und sogar von den vier Evangelisten umgeben ist. Von ihm strahlt die Macht auf die unterstellten Könige aus, während im unteren Bilddrittel geistliche und weltliche Herrscher prototypisch abgebildet sind.

Das Einzige, was Theophanu nicht auf Dauer gelang, war die Stabilisierung der Westgrenze. Als sie in Nymwegen am 15. Juni 991 völlig unvermutet starb, war sie eben auf der Reise nach Lothringen. Zwar setzte sie die neue Linie der Kapetinger durch, begründete aber damit im Grunde die französische Königsherrschaft, die sich immer in Rivalität zum deutschen Kaisertum versuchte.

Die offenkundigen Erfolge Theophanus überzeugen vor allem deshalb, weil die Kaiserin ohne militärische Maßnahmen, vielmehr mit den Mitteln hoher persönlicher Autorität und diplomatischer Kunst arbeitete – dies möglicherweise ein Erbe aus Byzanz. Jedenfalls setzte dieses Vorgehen eine hohe Geschlossenheit des Willens, eine klare Vorstellung vom Ziel und eine offenkundige Ausstrahlung ihrer Persönlichkeit voraus. Die Haltung zum Papst als dem „universalen Primas“ bedeutet für Theophanu eine zweipolige Machtverteilung, die sie als natürliche Ordnung achtete und vertrat. Kaiser und Papst an der Spitze eines „europäischen Staatensystems“, durch den Glauben und die Brüderlichkeit gleichrangiger Staaten verbunden, boten auf längere Sicht die größte Konzeption einer gesamtheitlichen Regelung unterschiedlicher Nationen innerhalb eines einzigen Gebietes.[13]

Ferne und Nähe von Theophanus Europa

Wenn nach möglichen Folgerungen für das heutige Europa gefragt wird, so ist immer bewusst zu halten, dass das Europa Theophanus in vielen Zügen fremd erscheint. Über diese Fremde darf man sich nicht vorschnell hinwegtäuschen. Dennoch lassen sich auch im Ungewohnten verwandte Züge entdecken, die allerdings nur versuchsweise auf die heutige Lage zu übersetzen sind.

So ist beispielsweise der Gedanke der europäischen Einheit, dem Theophanus Leben galt, wesentlich auch zu ihrer Zeit eine politische Utopie. Es gab wohl die kaiserliche Führung und den Anspruch des weltlichen Pantokrators, doch wurde dieser Anspruch gerade im westlichen Europa durch ein längst eingebürgertes Kräftespiel immer wieder bestritten. Theophanu war von Byzanz mit Sicherheit eine einheitlichere, viel unangefochtenere Führung gewohnt; der Ostkaiser befahl einem abhängigen Berufsbeamtentum, das ihm widerspruchslos gehorchte. Das Westkaisertum jedoch war wesentlich von Wahlmännern abhängig und insofern einem Schachspiel sich jeweils neu formierender Kräfte ausgesetzt, mit denen sich auch der bestätigte Kaiser immer wieder zu verständigen hatte. Unter der kaiserlichen Oberhoheit gab es daher eine Polyphonie vieler Könige, ihrer Nationen und unterschiedlicher Herrschaftsstrukturen.

Ein Zweites: Oberflächlich betrachtet war Theophanus Zeit religiös eine Einheit. Die Orthodoxie, mithin die Ostkirche, trennte sich erst 1054 von der Westkirche ab; so gab es nur ein einziges Christentum ohne die späteren Verwundungen. Trotzdem täuscht die Oberfläche: Nicht nur lag bereits eine innere Spannung auf den fünf Häuptern oder Patriarchen der Christenheit, die sich zwar immer wieder auf den Papst verständigten, doch in der einige Generationen später erfolgenden Spaltung deutlich ihren jeweiligen Eigenstand unterstrichen. Auch im Ritus und der Liturgiesprache gab es vielerlei Ausprägungen, ganz zu schweigen von den verschiedenen nationalen Überlieferungen des Glaubensgutes, etwa in der byzantinischen, lateinischen oder iro-schottischen Kirche. Die fehlenden Kommunikationsmittel der Zeit ließen ohnehin naturgemäß Sonderüberlieferungen entstehen, die sich nicht in eine einheitliche Fassung fügten.

Mit solchen Überlegungen lässt sich die Frage nach den Folgerungen, die aus der damaligen Konzeption Theophanus für das heutige Europa zu ziehen sind, genauer beantworten. Um anzusetzen bei der beschworenen, aber keineswegs vollzogenen Einheit Europas: Offensichtlich beruhte im Mittelalter die Idee der Einheit auf zwei Größen: dem einenden Christentum und der politischen Autorität des Kaisers. Eben hier sei ein Vergleich in Fragen versucht. Die Einheit Europas wird heute unter keiner dieser beiden Größen ins Auge gefasst; es liegt auf der Hand, dass sie auch nicht in einem Gewaltakt restaurativ zurückzubringen sind. Konkret steht im 20. Jahrhundert aber trotzdem eine doppelte Aufgabe an. Europa hat in diesem Jahrhundert eine ungeheure Enttäuschung an sich selbst erlebt. Noch zu Beginn des Jahrhunderts konnte man Reden hören, die endgültig das Zeitalter höchster Zivilisation, technischer Vervollkommnung und menschlicher Kultur heraufziehen sahen. Die Ernüchterung setzte bereits 14 Jahre später mit dem Ausbruch des Ersten Weltkrieges ein, der sich als rücksichtsloser Brudermord erwies. Zugleich begannen beispiellose Wertverschiebungen. Konkurrierende Ideologien, die bei genauer Betrachtung dem verwandten Götzendienst des Wir-Kollektivs dienten, bestimmten über die Theorie hinaus nunmehr den politischen Alltag: sei es der Götze einer nationalen Herrenrasse, sei es der Götze einer internationalen Arbeiterklasse, vor deren Anspruch alle Nichtzugehörigen als Nichtmenschen ihr Recht auf Leben und Freiheit verwirkt hatten. Diese Ideologien behaupteten eine neue Wertsetzung, die auf ihrem Rücken die Unwerterklärung für Millionen mit sich trug. Die Ernüchterung Europas über diese Erfahrungen ist ungeheuerlich. Zugleich hat sie etwas Schales an sich: Welche Werte können überhaupt noch ohne Verdacht ihres Missbrauchs angenommen werden? Im Grunde sind wohl nur noch unpathetische Antworten zu formulieren. Weithin greift man hilflos auf jene Früchte zurück, die bereits die Aufklärung reifen ließ, etwa die Menschenrechte und die Demokratie. Bei genauer Betrachtung ist jedoch ersichtlich, dass diese Früchte zu einem Baum gehören, den die Aufklärung selbst schon wesentlich entwurzelt, nämlich zu dem Baum der christlichen Begründung von Freiheit und Gleichheit aller Menschen als der Geschöpfe des Einen. Diese religiöse Grundlegung hatte die Aufklärung nicht mehr übernommen, vielmehr an ihre Stelle den „natürlichen" Konsens über eine vernünftige und autonome Menschlichkeit gesetzt. Eben diese „natürliche" Auffassung aber trägt sich nicht mehr selbst. Keineswegs ist neuerdings unbestritten, dass zur Menschlichkeit auch formale Gleichheit und Freiheit aller gehören, zumal solche Begriffe als eurozentrisch gelten. Insofern müsste die Aufklärung nicht aufgegeben, vielmehr erneut auf eine Begründung verwiesen werden, welche allgemein einsichtig zu machen ist. Philosophisch gesehen spitzt sich die Frage darauf zu, ob das intellektuelle Klima der Zeit „das Gute" noch benennen kann, um mit Platon zu sprechen. Mehr als das: ob *das* Gute in seiner Beziehung auf *den* Guten anschaulich zu machen ist. Hier verweigern die intellektuellen Eliten Europas offensichtlich (noch) die Antwort.

Um in unserem Kulturraum zu bleiben: Seit dem 19. Jahrhundert gibt es in Deutschland eine beliebte Kultur der Rede vom Heiligen, auch in der Form seiner Bestreitung. Die deutsche Geistesgeschichte hat dabei eine besondere Vorliebe für *das* Heilige entwickelt, zugleich mit der Fähigkeit, *den* Heiligen aus dieser Rede vollständig herauszuhalten. So gesehen ist das Religiöse auch heutigen Tages ein höchst willkommenes Thema, allerdings in seiner vagen und vorzugsweise experimentellen Form. Vermieden wird aber jene Konkretion des Religiösen, die aus dem bloßen Gefühl und Bedürfnis des Subjekts nach irrationaler Erschütterung herausführt. Eine solche Konkretion war bisher das Christentum in der Form seiner ethischen und logischen Präzisionen. Diese Herausforderung greift aber der Zeitgeist nicht mehr auf, kann sie nur in der Kritik attackieren und damit immerhin indirekt anerkennen.

Die Frage bleibt freilich, worauf sich das Verständnis von Menschlichkeit letzten Endes beziehen kann, sofern eine ihrer selbst unsichere Idee allgemeiner Humanität als zu schwach erscheint. Solange die Theomorphie, also die Gottgestaltigkeit des Menschen nicht als unbeweisbarer und trotzdem wirksamer Grund menschenrechtlicher Forderungen in Erinnerung ist, werden politische Folgerungen nur pragmatisch beschworen und in ihrer Grundlegung immer uneinsichtiger.

Das Kaisertum Theophanus nährte sich weiterhin von dem Gedanken einer Autorität, unter der viele Nationen ihre jeweilige Einheit und Selbstgestaltung leben konnten. Autorität hat hier den Wortsinn von *augere:* Mehrerschaft, die jemanden wachsen lässt zu dem, was er ist. Darin ist die Konzeption der Gerechtigkeit enthalten, und zwar nicht der gleichmachenden Gerechtigkeit, die jedem dasselbe gibt, sondern der angemessenen Gerechtigkeit, die jedem gibt, was er braucht. Solche Gerechtigkeit setzt die Haltung der Klugheit voraus, das heißt die Fähigkeit zur Unterscheidung des jeweils Nötigen. Diese Kardinaltugend ist die Nabe aller anderen Tugenden; sie vermeidet den Neid ebenso wie das Zukurzkommen. Klugheit denkt nicht nur im Prinzipiellen, sie sichert das Konkrete. So ginge es in der Übertragung des Möglichen darum, Europa nicht allein aus der Idee der formalen Gleichheit seiner Mitglieder, sondern mehr noch aus der Idee der Gerechtigkeit zu konzipieren. Mit anderen Worten: den abstrakten Weg bloß gesetzlicher Angleichung der Unterschiede auf sein Mindestmaß zu beschränken und statt dessen den konkreten Weg polyphoner Unterschiedenheit der einen europäischen Melodie zu fördern.

Ob die Ernüchterung des 20. Jahrhunderts über die gigantischen Menschenopfer wenigstens dazu dient, dass keine Idole mehr angebetet werden? So wäre doch zumindest der Platz frei für den Ewigen, wenn eine kommende europäische Generation ihn wieder zu benennen wagte. Zeichenhaft hat Theophanu ihr Begräbnis im Westwerk von St. Pantaleon in Köln angeordnet: an der Stelle, an der nach der mittelalterlichen Symbolik die Dämonen eindringen können, ließ sich die Frau zur Abwehr einbetten – als Schranke für das Böse. Es gibt einige grundlegende Patrone Europas, so Benedikt für den Westen, Cyrill und Method für den Osten. Könnte man eine Gestalt wie Theophanu mit hinzunehmen, im Sinn ontologischer Heiligkeit und gültiger Ordnungen, die sie in das Abendland als Spur eingetragen hat?

1 Maria Eschbach, Das weiße Kleid. Gedichte, Einsiedeln 1986, 82.

2 T. Vogelsang, Die Frau als Herrscherin im hohen Mittelalter. Studien zur „consors regni"-Formel, Göttingen/Berlin/Frankfurt 1954. – Edith Ennen, Frauen im Mittelalter, München ^{3}1987. – M.-L. Portmann, Die Darstellung der Frau in der Geschichtsschreibung des früheren Mittelalters. Baseler Beiträge zur Geschichtswissenschaft 69, Basel/Stuttgart 1958.

3 V. H. Elbern, Das erste Jahrtausend. Kultur und Kunst im werdenden Abendland an Rhein und Ruhr, 2 Textbde., 1 Tafelbd., Düsseldorf 1962–1964. – J. Moltmann, Theophano, die Gemahlin Ottos II. und ihre Bedeutung für die Politik Ottos I. und Ottos II., Schwerin 1878.

4 H. Fussbroich, Theophanu. Die Griechin auf dem deutschen Kaiserthron, Köln 1991.

5 W. Ohnsorge, Abendland und Byzanz. Gesammelte Aufsätze zur Geschichte der byzantinisch-abendländischen Beziehungen und des Kaisertums, Darmstadt/Weimar 1958.

6 Andreas Schmitt, Die Ausbreitung des Nikolauskultes im Rheinland. Die Rolle Theophanus als Initiatorin, in: Peter von Steinitz (Hg.), Theophanu (Pantaleonsschriften), Köln 1991, 70–84.

7 P. Corbet, Les Saints Ottoniens. Sainteté dynastique, sainteté royale et sainteté féminine autour de l'an Mil (Beihefte der Francia 15), Sigmaringen 1986. – R. Staats, Theologie der Reichskrone. Ottonische „Renovatio imperii“ im Spiegel einer Insignie. Monographien zur Geschichte des Mittelalters 13, Stuttgart 1976. – Percy Ernst Schramm/Florentine Mütherich (Hg.), Die deutschen Kaiser und Könige in Bildern ihrer Zeit 751–1190, München ^{2}1983.

8 P. Krull, Die Salbung und Krönung der deutschen Königinnen und Kaiserinnen im Mittelalter, Diss. Halle 1911.

9 Johannes Fried, Die Formierung Europas 840–1046, Frankfurt 1991. – Percy Ernst Schramm, Kaiser, Rom und Renovation. Studien zur Geschichte des römischen Erneuerungsgedankens vom Ende des karolingischen Reiches bis zum Investiturstreit, Darmstadt ^{2}1957.

10 Anton von Euw/Peter Schreiner (Hg.), Kaiserin Theophanu. Begegnung des Ostens und Westens um die Wende des ersten Jahrtausends. Gedenkschrift des Kölner Schnütgen-Museums zum 1000. Todesjahr der Kaiserin, 2 Bde., Köln 1991. – R. Zimmermann, Die Witwenausstattung der Kaiserin Theophanu. Ein Beitrag zur Geschichte des Reichsgutes in Deutschland und Italien, Diss. München 1924.

11 H. Beumann (Hg.), Otto III. 983–1002, in: Kaisergestalten des Mittelalters, München 1984. – H. Beumann, Die Ottonen, Stuttgart/Berlin/Köln 1991.

12 E. Hiestand, Vom Frankenreich zur Formierung der europäischen Staaten- und Völkergemeinschaft 840–1046. Ein Studienbuch zur Zeit der späten Karolinger, der Ottonen und der frühen Salier in der Geschichte Mitteleuropas, Darmstadt 1986.

13 Gunther Wolf, Theophanu, Köln 1991, 105.

III. Wunden, Kampf und Heil

Hildegard von Bingen (1098–1179) und das Drama zwischen Gott und Mensch

Das zehnte Kind einer adeligen Familie aus dem heutigen Rheinhessen, geboren im Jahr 1098, wurde von den Eltern als „Zehntgabe" Gott gewidmet. Im Alter von sechs Jahren kam das kluge, außergewöhnliche Kind in die Obhut einer großen Meisterin, Jutta von Sponheim, die ihr auf dem Disibodenberg die Prägung für das Leben aufdrückte. Hildegard wurde Benediktinerin, später Äbtissin, in welcher Eigenschaft sie das Kloster Eibingen gründete. Früh schon setzten ihre Schauungen, von beständigem Kopfschmerz begleitet, ein; sie ließ sie von einem Schreiber notieren und nach ihren Angaben mit höchst ungewöhnlichen Bildern verdeutlichen. Hildegards Kenntnisse der Botanik und Mineralogie, verbunden mit ihrer psychologischen Begabung, machten sie zur Heilerin, später allgemein zur Ratgeberin ihrer Zeit, die in späteren Jahren zu Predigtreisen ins Rheinland gegen die Katharer aufbrach. Durch hohe Autoritäten wie den Papst und Bernhard von Clairvaux wird Hildegard als „prophetissa teutonica" bestätigt; sie starb alt und geehrt in Eibingen im Jahr 1179.

Wunden, Kampf und Heil sind ein Thema jeder Generation, und diese Tatsache wird vermutlich noch lange währen. Lässt sich aber mithilfe einer Frau davon sprechen, die vor mehr als achthundert Jahren gelebt hat? Ein solches Vorgehen wäre (und bleibt vielleicht) zweifelhaft, Hildegard über achthundert Jahre hinweg auch auf heutige ungeheuerliche, unvernarbte

Verwundungen zu blenden – wenn nicht diese weise und kühne Gestalt den Grund der Urverletzung so klar ausgesprochen hätte. Mehr als das: Wenn sie nicht gleichzeitig auch Gründe für Hoffnung im Bodenlosen gegeben hätte, selbsterprobte Anleitungen zum Kampf. Und wenn sie nicht einen Namen und ein Antlitz für das Heil gewusst hätte – den Namen des Souveräns, der auch im unwegsamen Land der Seelen noch souverän bleibt. „Weil in Wahrheit deine Allmacht alle Mächte in Zaum hält."[1] Voraus ist zu sagen, dass auch Hildegard missverstanden und missbraucht werden kann. Es ist kein bestimmtes Getreide, nicht dieser und jener Halbedelstein für diese und jene Krankheit, überhaupt keine handgreifliche Rezeptur, worauf der Glaube der Ungläubigen so gerne antwortet – Erlösung durch Diät hieße Hildegard unterschätzen. Wirkliche Remeduren gehen tiefer, weil auch die wirklichen Verletzungen tiefer gehen. Die große Heilerin wird mit Tinkturen eher verkleinert und esoterisch verbilligt. Hildegard ist groß, zielt auf das Großgedachte. Es geht ihr um uns, rätselhafte Zerstörer und Zerstörte, und darum, ob sich an diese Zerstörung überhaupt jemand wagt, überhaupt ein Richter im Sinne von Aufrichten und Geraderichten ihr gewachsen ist. Es geht um das Drama, dessen ebenso blinde wie dreiste Protagonisten wir sind und dessen ewiger Mitspieler unser Stolpern und Stümpern korrigiert, einer Lösung zulenkt, die Gemeinheiten bricht. Dieses Spiel sieht Hildegard – wenn man in „Spiel" auch das *Verspielen* und die Trauer des Versagens mithört. „Immer haben wir den Geschmack des Paradiesesapfels im Munde"[2], den Geschmack der Empörung.

Wunden

Von welchen Wunden ist die Rede? Es geht nicht um mehrere, diese oder jene, sondern um die Quelle aller Wunden. Weshalb sind wir, Geschöpfe des Guten in einer guten Schöpfung, überhaupt verwundbar und an welcher genauen Stelle sitzt die Urwunde? Werden wir zu Recht „mit starker Macht aus dem leuchtenden Land vertrieben“[3]? Wenn sich das klar benennen ließe, läge in der Benennung selbst schon Hilfe.

Hildegard sieht durch vielerlei vordergründige Verletzungen eine empfindliche Stelle: die ungeschützte Flanke. Tiefer noch: Sie sieht, dass sie ungeschützt sein muss, weil Gott sie nicht absichern will, sonst würde er sein Geschöpf merkwürdigerweise beschädigen. Der Mensch selbst müsste sich hier – falls Gott so etwas „Hilfreiches“ aufzwingen würde – gegen jedes Eingreifen verwahren.

Um das Gemeinte zu erfassen, ist folgende Tatsache zu durchdenken: Der Mensch stammt aus Gott, lebt aus ihm, atmet aus seiner Kraft, nährt sich gänzlich aus dieser Beziehung. Ein sichtbares Beispiel aus unserer Welt: Jedes Kind lebt naturhaft eine selige Abhängigkeit von seinen Eltern, freut sich ihrer, nutzt sie, lebt im Spiegel dessen, was ihm entgegenkommt. Der reife Mensch kennt diese schöne Tatsache auch – sie begegnet ihm nicht einmal vorrangig im Religiösen, sondern in den Freundschaften, den Bindungen, in allem, was ihn von den anderen her erfüllt: „Die volle Freude kann der Mensch ja nicht aus sich selber haben; sie muss ihm vielmehr von einem anderen geschenkt werden. Erkennt der Mensch aber diese Freude, die ihm von anderen entgegenkommt, dann empfindet er in seinem Herzen ein großes Entzücken. Denn dann erinnert sich die Seele, wie sie von Gott geschaffen ist."[4] Ja, der Mensch erfährt eine ausgesprochene Dienstwilligkeit der Dinge – gegenüber allem neuzeitlichen Verdacht, sie würden sich eigentlich lieber seiner Herrschaft entziehen: „Von der Kraft der Geschöpfe umgeben, kann er niemals von ihnen getrennt werden, denn die Weltelemente, dem Menschen zum Dienst geschaffen, bieten ihm ihre Hilfe an."[5] Und am Boden aller freundschaftlichen Beziehung taucht das Bild des Urfreundes auf, mit ihm die Urfreude: die Seligkeit, gewollt zu sein. Hildegard nennt es die „fröhliche Wissenschaft", *laeta scientia*, siebenhundert Jahre vor Nietzsche.[6] Diese Seligkeit ist allem aus Gott Entsprungenem gemeinsam; er hat seine Schöpfung in ein Netz der Freundschaft geworfen: „Jedes Geschöpf ist mit einem anderen verbunden, und jedes Wesen wird durch ein anderes gehalten (*creatura per creaturam continetur*)."[7] Noch schöner, wie ein kleines Stück Poesie: „Die Kräuter bieten einander den Duft ihrer Blüten an, ein Stein strahlt seinen Glanz auf die anderen, und alles, was lebt, hat einen Urtrieb nach liebender Umarmung."[8] „Wie sehr hat das Geschöpf nach dem Kuss des Schöpfers verlangt ..."[9] Mit einem gewohnteren Ausdruck, der freilich wegen seiner Bekanntheit vieles zudeckt, lässt sich sagen: Die Schöpferkraft ist bei Hildegard nicht so sehr Weisheit[10], erst recht nicht Konstruktionswille, sondern, ganz verdichtet, Liebe.

Dieses freilich längst abgestandene Wort lässt sich bis zum Ungewohnten und Überhörten verfolgen. Der Akt der Schöpfung ist vollständig ein Akt der Liebe, von Hildegard sogar in Entsprechung zur Zeugung des Sohnes gedacht: „Wir sind die Glieder, die du in Liebe geschaffen hast. So wie du in jener Liebe glühst, als du deinen Sohn vor aller Schöpfung in der Urmorgenröte gezeugt hast"[11] – beides eine Handlung des göttlichen Eros. Inspiriert von der Genesis, aber abgewandelt, lässt Hildegard die Liebe selbst als ein strahlend schönes Mädchen erscheinen, in Weiß, Gold und Saphirblau. Im folgenden Text bleibt undeutlich, ob Gott und dieses herrliche Mädchen, das Hildegard im Verlauf *materia* nennt, zusammen die Welt hervorbringen, oder ob das Mädchen gleichsam eine Inkarnation Gottes (sein Sohn?) selber ist. Es gäbe durchaus Sinn, eine Liebesbegegnung Gottes und der Materia in folgender Stelle zu erkennen: „Und ich hörte eine Stimme, die zu mir sprach: Das Mädchen, das du siehst, ist die Liebe *(caritas)*. In der Ewigkeit hat sie ihre Heimat. Denn als Gott die Welt erschaffen wollte, da neigte er sich in der zärtlichsten Liebe *(suavissimo amore)* herab. Alles Lebensnotwendige sah er voraus, und dies ganz in der Weise, wie auch ein Vater seinem Sohn das Erbe bereitet. Und so bildete er in glühendem Liebesbrand *(in magno ardore)* alle seine Werke. Damals erkannte die Schöpfung in all ihren Gestalten und Formen ihren Schöpfer, denn die Liebe war im Anfang als *materia* schon da, als Gott sprach: Es werde! Und es ward. Wie in einem Augenblick wurde die ganze Welt durch die Liebe gebildet. Die ganze Welt nennt daher auch dieses Mädchen ‚Herrin'. Denn aus der Liebe ist die Schöpfung hervorgegangen, weil die Liebe das Allererste war."[12] Eine solche Stelle lässt sich nicht pressen, genau so wenig wie die Genesis selbst, in welcher ja die Urwasser, über welchen der Geist schwebt, ebenfalls schon „da" sind. Hier ist an Stelle der Urwasser die Urliebe als *materia* schon „da".

Um nun die Suche nach der möglichen Urwunde weiterzutreiben: Entscheidend ist allein, dass das Gewebe der Welt nirgends schadhaft, vielmehr in starker Zuneigung gewoben ist.

Und dass Gott in dieses Gewebe der Liebe nichts Böses, erst recht keine Wunde eintrug. Und trotzdem findet sich darin eine Stelle, die Gott nicht festlegen konnte und wollte: die Stelle, an welcher die Geschöpfe *freiwillig* ihren Ursprung anerkennen. Hier sitzt die Möglichkeit der Urwunde, und sie wird immer dort sitzen. Hätte Gott diese freie Zuneigung ausgeschlossen, so hätte er statt der Menschen (und Engel) Produkte, Imitate, Willenlose vor sich – wer lässt sich aber von Automaten lieben? Gerade weil Gott kein Sklavenhalter war, schuf er keine Sklaven. Wenigstens ein Blick mag in die Tiefe dieses verknäuelten Problems leiten: Die wirklich souveräne Liebe, Seine Liebe, sehnt sich nach der Freiheit, dem Selbstsein des anderen – und das ist ihre Verletzlichkeit. Grenze nicht der Allmacht, sondern von innen aufgerichtete Grenze der Liebe. „Mit der Macht deiner überaus herrlichen Kraft überwältigst du niemand."[13] Hier liegt die offene Flanke, Gottes ebenso wie des Menschen: die Möglichkeit, die Urliebe zu verletzen, Widerstand gegen das Geliebtsein zu üben, die Gegenliebe verweigern. Statt Du und Ich zu sagen, sagt der Mensch (mit dem schwarzen Engel) nur Ich und Ich allein. Es gibt eine Stimme in uns: „Warum soll ich mich um etwas kümmern außer um mich selbst? [...] Was wäre das für ein Leben, wenn ich auf alle Stimmen der Freude und der Trauer antworten wollte? Ich, ich weiß nur von meiner eigenen Existenz."[14] Genau dies war der Fall des Lichtträgers und seiner Mitgeschöpfe, „die aus sich selbst etwas sein wollten. Denn als sie ihre großartige Herrlichkeit und glanzvolle Schönheit in funkelnder Fülle aufstrahlen sahen, vergaßen sie ihres Schöpfers"[15]. In furchtbarer Wiederholung ist es auch der Fall des Menschen, „der sich anmaßend selbst das Gesetz gibt, so als ob er sein eigener Gott sei

[...]; dann tritt er in sich jene Liebe mit schmerzlicher Bitterkeit nieder"[16].

Aus der religiösen Sprache gelöst und alltäglich betrachtet, ist darin getroffen die Vergessenheit des eigenen Ursprungs und die schäbig-arme Krümmung auf sich selbst. Gerade die Kräfte, die uns gegeben sind, nämlich *Stärke und Eigenstand*, verlocken zur Trennung von ihrem Geber. „Als sie in ihrem eigenen Licht erwachten, haben sie mich vergessen."[17] Die Berauschung am eigenen Licht wird normalerweise gefasst in den eher langweiligen und abstrakten Ausdruck einer Abkehr von Gott. Konkret spricht sich die unauslöschliche Wahrheit darin aus, dass wir nicht aus uns sind und dass jeder Versuch, aus uns zu sein, auf die Länge tödlich endet. Als wären wir ein kreisendes Rad, dessen Nabe an einen Motor angeschlossen ist – wir halten aber das Kreisen für selbstverständlich und lösen die Nabe vom Motor. Natürlich wird das Rad taumeln und stürzen – nur noch von Sünden „umhergewälzt ohne festen Stand"[18]. Weniger technisch ausgedrückt: Der Mensch hält sich nur, weil er von innen gehalten wird. Wirklicher Halt liegt im Gehaltensein. Jeder trägt den Ursprung in sich, aber nicht als selbsteigenen, sondern als Lehen und Gabe. Übrigens mit aller Leichtigkeit und Selbstvergessenheit der Gabe. Hildegard sah einmal das Leben in einer gesammelt in sich ruhenden, wundervollen Frauengestalt, welche in einem feurig kreisenden Rad stand und einen blühenden Zweig in der Hand hielt.[19] Überhaupt wird der Mensch am Ende der Zeiten dem goldenen Kreis eines Rades gleichen.[20] Wir aber wittern in solch zufließender Energie Demütigung, Unterwerfung, den eifersüchtig Größeren, der sich im Dank des Kleineren spiegeln will: die uralte Zweifelsucht, ob der Geber es auch gut meine. Ob er nicht die Gabe nur aus Berechnung, zur Selbsterhöhung gebe. So reklamieren wir alles, was er uns frei zuleitet, für die eigene Erhöhung, halten wie einen Raub fest, was uns heiter und großzügig geschenkt war. Ja, wir ersetzen das Geschenk mit jener harten Mühe, die allem Nichtschöpferischen anhaftet: selber machen, selber leisten, selber bis zum Irrsinn in Drehung halten, was doch Schwung und Hauch des Geistes von oben sein könnte, anmutig, schön, glänzend. „So ist die ganze Natur des Menschen verdreht oder verkrampft."[21] Unausrottbar ist der Verdacht in uns, den Nietzsche am schärfsten – für alle – in seine bösen Überlegungen fasste: Wo Gott ist, kann ich nicht sein. Und dieses Verwerfen Gottes zugunsten der eigenen Kraft ist die düstere Signatur der letzten Jahrhunderte. „Wie ja auch die Seele Selbstmord begeht, wenn sie nicht mehr Gott anzuhangen versucht."[22]

Wie, wenn es anders wäre? Wie, wenn der Verdacht vom Potentaten nicht stimmt, der nur Geduckte um sich braucht? So ist ein harter und langer Kampf um die Wahrheit vonnöten. Wo liegt die wirkliche Quelle der Kraft? Wo schneide ich mich selbst von aller Kraft ab – was ja nur ein anderes Wort für Kastration ist? Ebenso wie die Gesellschaften kastriert sind, denen sich der Himmel geschlossen hat.

Kampf

Es macht den Kampf gegen die Selbstverschließung so fürchterlich, dass der Mensch im Grunde den schwarzen Selbstwillen des Engels noch einmal zu bestehen und das Versagen des höchsten Lichtträgers zu korrigieren hat: „Er hat ihn [den

Menschen] so sehr geliebt, dass Er ihn für den Platz bestimmte, aus dem der gefallene Engel geschleudert ward, und ihm alle Herrlichkeit und Ehre zuordnete, die jener mit seiner Seligkeit verloren hatte."[23] Und: „Ihm gab Gott die Stelle und Ehre des verlorenen Engels, auf dass er Gott zum Ruhme vollende, was jener nicht tun wollte."[24]

Wie aber schaffen wir Geringen, was der Engel nicht schaffte? Geht es doch um die härteste Selbstverbissenheit, Selbstverknäueltheit, den Natur gewordenen Autismus – lässt er sich überhaupt lösen? Hildegard nennt mehrere Lösungswege, die sich zusammenfügen lassen zu zwei Haltungen: Weggehen von sich und Heimgehen. Das eine nur zusammen mit dem anderen, sonst hält man das Weggehen nicht aus, kann es nur in der Haltung eines Olympiasiegers in Askese unternehmen. Heimgehen meint Hoffnung auf Ankommen, Mitgenommenwerden von einer Kraft, die nicht die meine ist, Sich-Ziehen-Lassen. „Wenn ich erkannt habe, dass ich in meinen schlechten Werken mich selbst wegwerfe, dann bist du es, der alles vollbringen kann, du nimmst mich auf [...] Zieh mich weg von meinen lehmigen Taten, damit ich nicht erfunden werde in schändlichem Gestank sowie in jener Vergessenheit, die mich wie mit Todesdorn festnagelt [...] Jeder Aufstieg ist dein Aufstieg."[25] Das ist der wirksame Trost in diesem Kampf: dass er nicht aus Eigenem bestanden werden muss. Und dass er bestanden werden *kann*.

Dieses Weggehen von sich ist allerdings schwere Arbeit. Denn es arbeitet nicht nur der Selbstverliebtheit, sondern der Verliebtheit in das eigene Unglück entgegen, der „Verzweiflung dessen, der verzweifelt er selbst sein will"[26]. Sie kann sich sogar als eine Bitte ausdrücken: „Lass mich das Stück Elend sein, das ich bin", so Kierkegaard.[27] Oder ein selbstgehörtes Beispiel: „Meine Trauer lass ich mir nicht nehmen." Dieses verbissene Wort stammte von einem alten Mann, dem sich während einer Tagung unverhofft seine Lebenslast lichtete. Als er das merkte, ging er zum Vortragenden, um sich die unerwünschte Aufhellung zu verbitten ...

Unsere Seele: Ein lustvoll verworrenes Netz von Selbst- und Fremdanklagen, von offengehaltenen Wunden und halbherzigen Heilungen. Wie festigend ist das Korsett des Schmerzes. Wie tut es gut, im Dunkel zu hocken, jedem Löser den Eintritt zu verwehren, denn „mir kann doch niemand helfen". Das Dunkel ist dem Blinden Heimat, birgt ihn mit kaum zerreißbaren Fesseln – Platon skizzierte den eigentümlichen Schmerz, die Höhle der Schatten zu verlassen und ans Licht nicht zu eilen, nein, gewaltsam gezerrt zu werden.

Diesem Trieb zur eigenen Seelenfinsternis entspricht die Scheu, wirklich vom Licht zu hören. Es ist die Scheu, vom Weg nach draußen und droben erzählt zu bekommen. So wird das Leben schweigsam und versagt am Ende ganz, versagt sich auch am Ende ganz. „Wenn der Mensch wegen seiner Sünden so traurig ist, dass er kaum für sein Seelenheil zu hoffen wagt ..."[28] Diese Trauer kann aber zweifach sein, und nur eine davon führt auf den Weg des Weitergehens. Denn es gibt die Trauer der Heiden, die um das Schale weint, aber nie aus dem Schalen heraus möchte. „Warum kehrst du nicht heim, wenn du gesündigt hast? [...] Mein leidenschaftlicher Eifer treibt dich an, nach deinem Fehltritt wie der verlorene Sohn zum Vater zurückzukehren. Aber ihr habt sogar die Freude am gemästeten Kalb verloren."[29] Hildegard nennt dieses Verschließen „in die abgrundtiefen Sünden hinabsteigen, weil ich dich vergessen habe ..."[30] Stattdessen muss man weinen um ewige Seligkeit, *weil* es sie gibt, bedrängend gibt, sie aber keinen Ort im Menschen hat. Dieses andere „Rufen und Schluchzen"[31] stammt aus weltbewegender Reue. „Sie reinigt, sie heiligt, sie trägt alles, sie stützt alles, sie festigt alles, sie setzt alles in Bewegung, sie zieht alles an sich und sie durchdringt alles. Auf der Reue ruht die Welt."[32] „Alle bösen Werke werden durch die bittere Reue ausgeschieden wie Speise und Trank."[33] Sich aufmachen und heimgehen, rät Hildegard. „Vater, ich habe gesündigt gegen den Himmel. Das heißt: gegen das himmlische Kunstwerk, das ich selbst bin."[34]

Der ganze Kampf ist Selbstanklage, steht unter dem wiederholten und richtenden „Nein" zur eigenen Schwerkraft. Aber es ist das Nein, das aus dem vollen Blick ins Wirkliche stammt, ein Nein aus einem Ja. Die Perle ist wieder sichtbar, um derentwillen sich der Aufbruch lohnt. Es gibt jene Sehnsucht im Leben, die ihrer selbst sehr sicher ist und bei allem Totsagen immer wieder aufbricht: dass die jetzige Leere eine Erfüllung finden wird. Aber wie jede seelische Mitgift lässt sich auch diese wegdenken, bestreiten – ist die tragische Lösung nicht tragisch schöner: Keiner will und kann mir helfen, kann in den Abgrund meiner Existenznot hinunter? So klammern wir uns wollüstig an unsere Unerfülltheit. Wehe dem Glücklichen – entweder ist er dumm oder kindlich oder vieles andere noch, nur glaubwürdig ist er nicht. „Was ist das Glück?, sagt der letzte Mensch und blinzelt" – verhöhnte Nietzsche die graue Nonchalance des letzten Menschen, obwohl er sie selbst mit heraufgeführt hatte. Unechte Armut ist ein verbreitetes Leiden, zugleich wird sie aber zum „Existential" verklärt. „Wie eine Heuschrecke springst du dahin, hierher, dorthin, wie Schneegestöber bist du irgendwohin verwirbelt. [...] Die Düsterkeit aber, die wie ein Gewand, im Wind verzerrt, diese Gestalt bedeckt, zeigt, wie solche Menschen im Unglauben gelähmt und in ihrem Eigenwillen gefesselt sind, obwohl sie weichlich der Ruhe leben möchten, wenn sie [...] auf der Jagd nach noch unbekannten Vergnügen und Versuchungen ihre Zerstreuung finden wollen, dabei aber doch nichts recht anfangen, nichts recht zu Ende bringen, vielmehr in diesem Wechselhaften, wie ein unruhiges Gewölk durcheinandergewirbelt, überall nur suchen und immer nur irre gehen, überall auf der Jagd sind nach dem großen Unbekannten und immer nur in fremde Behausungen einbrechen."[35]

So ist das Glück des jetzigen, geschweige des kommenden Lebens in die Märchenkiste geraten. Zu schön, um wahr zu sein. Die Religionskritik des 19. Jahrhunderts ist über uns hinweggefegt und hat unser Glücksverlangen als Selbstliebe und Selbstbetrug angeschwärzt. Also leben wir kümmerlich und erwarten Kümmerliches vom Leben. Wie aber, wenn es Gott gefällt, uns glücklich zu machen? Welcher Aufbruch wäre möglich, wenn „die rechte Ehrfurcht vor dir alles Fürchten überwindet"[36]? Nichts ist so schwer, wie seiner innersten Sehnsucht nachzugeben und Gott und dem Glück zu trauen. Obwohl uns nichts so sehr in Fleisch und Bein eingeschrieben wäre wie gerade das.

Denn: „Wenn so der Mensch das Rechte ergreift, verlässt er sich selbst, kostet die Kraft und trinkt. Er wird davon gestärkt, wie die Adern eines Trinkenden voll Wein werden. Er wird nie maßlos, wie ein Trunkener von Wein außer sich gerät und nicht mehr weiß, was er tut. Auf diese Weise lieben die Gerechten Gott, an dem kein Überdruss sein kann, sondern nur Beseligung in reiner Dauer."[37]

Der Einsatz heißt allein: Sich selbst verlassen, aber selig verlassen. Es gibt ein Antlitz, einen Namen, den einzigen übrigens, der diesen Wein zu bieten hat: Christus medicus. „Heilig bist du, der du die eiternden Wunden reinigst."[38] Arzt aber nicht von oben, und die Rezepturen wirken nicht von außen. Arzt und Rezept sind dasselbe, und sie wirken von innen, eingegangen in uns selbst. Auch wo wir wortlos sind und die Wunden nicht genau bestimmen können. Wir müssen die Wunden aufgeben, übergeben, offenlegen. „Zeig mir die Wunden deines Herzens, ich suche in deinem Herzen die Wunden. Ich will in deinen Wunden mit dir leiden, und so wirst du Gemeinschaft mit dem Vater haben."[39]

Heil

Tatsächlich: Das Leben ist auf Glück hin entworfen, nicht auf Unglück. „So hat die Liebe ihr Werk vollkommen gemacht, allmählich, doch deutlich und bestimmt, damit keine schwache Stelle bleibe, vielmehr jegliche Fülle darin sei."[40] „Wenn jemand auf der Höhe triumphierenden Unterwerfens sich Gott unterstellt und den Satan überwindet, ragt er empor und genießt die Seligkeit des göttlichen Schutzes. Und wenn er, entbrannt zum Heiligen Geiste, sein Herz erhebt und seinen Blick Gott zuwendet, dann erscheinen darin in heller Klarheit die seligen Geister und bringen Gott die Hingabe seines Herzens dar."[41]

In diesem Schutz richtet der Mensch sich auf, lebt auf, greift selber aus. Der Wille Gottes wandelt sich in Motorik. „Bei ihm finde ich den Reichtum der Gotteskräfte, sodass ich zuversichtlich aufsteige von Kraft zu Kraft."[42] Es ist älteste Erfahrung:

Solcher Dienst beugt nicht, sondern stärkt. Wen Gott berührt, der ist nicht Sklave, sondern Freier. „O wie schön sind deine Augen, wenn sie Göttliches verkünden."[43] Es ist Heimkehr, nicht allein zu ihm, ebenso zu sich selbst – und zugleich Lösung der Welt. „Wenn der Mensch sein Herz zu Gott öffnet und es dadurch licht macht, wird alles grünen, was dürre ist. Korn und Wein wachsen durch diese geheime Kraft."[44] Auch Korn und Wein des eigenen Herzens. Und das ist nicht als theologische Schreibtischerkenntnis oder gut versponnene Mystik gemeint, sondern das meint Alltag und ist an seinem Probierstein zu prüfen. Es ereignet sich Erstaunliches: „O feuriger Geist, Lob sei dir! [...] Aus dir glüht das Herz der Menschen. Und die Brust umspannt alle Kräfte der Seele. Von da steigt der Wille auf und gibt der Seele den Wohlgeschmack."[45] Hildegard hat auch in solchen sprachlich großen Wendungen einen nüchternen Ton, und man kann sich ihrer Zuversicht, aus allen Wunden blutend, aber selig, überlassen. „Vom Herzen aber geht Heilung aus, wenn das Morgenrot eines Neubeginns sichtbar wird. Unsagbar ist, was dann aufbricht an neuem Verlangen nach Gott und an Eifer für sein Werk, unsere Welt."[46] – „Und so erkennt der Mensch, der die Eingeborgenheit Seiner Wunder ist, Ihn mit dem Auge des Glaubens und umarmt Ihn mit dem Kuss des Wissens."[47] Ja, der Mensch hat einen Urtrieb nach Kuss und Umarmung: die, die er selbst gibt, und die, die er empfängt.

So sehr Hildegard sich vorkommt „wie Asche, wie Aschenfäule, wie verwehender Staub"[48] – es gilt, wirklich und wirksam, immer wieder, aus der Asche aufzustehen. Weil dem gleichzeitig „Furchterregenden und so überaus Milden"[49] so tief zu trauen ist.

1 Zitiert wird nach der Auswahl von Maria-Assumpta Hönmann (Hg.), Hildegard von Bingen, Umarmt vom lebendigen Licht. Prophetische Worte und Gebete, Freiburg 1993 (= Licht), 114.
2 Liber vitae meritorum; Das Buch der Lebensverdienste, übers. u. erläutert v. Heinrich Schipperges, Salzburg 1972.
3 Licht, 45.
4 Liber divinorum operum (LDO) VI 5, PL 197, 959D–960A. Deutsch in: Hildegard von Bingen, Welt und Mensch. Das Buch „De operatione Dei", übers. u. erläutert v. Heinrich Schipperges, Salzburg 1965 (WM), 240.
5 Licht, 54.
6 LDO 916ff.; WM 204ff.
7 LDO; WM 53: „creatura per creaturam continetur".
8 Die Barmherzigkeit im Gespräch mit der Hartherzigkeit (Liber vitae meritorum); hier zit. nach Heinrich Schipperges, Hildegard von Bingen. Ein Zeichen für unsere Zeit, Frankfurt 1981, 161.
9 Licht, 58.
10 Auf den Unterschied etwa zur sapientia-Theorie des Eriugena hat hingewiesen Margot Schmidt, Die fragende Schau der heiligen Hildegard, Leutesdorf 1992, 17.
11 Licht, 116.
12 LDO I, 2.
13 Licht, 113.
14 Hartherzigkeit (Liber vitae meritorum); hier zit. nach Heinrich Schipperges, Hildegard von Bingen. Ein Zeichen für unsere Zeit, Frankfurt 1981, 161.
15 WM 29.
16 Licht, 114.
17 Licht, 52.
18 Licht, 76.
19 Nach Caecilia Bonn, Leben als Spannungseinheit, in: Hildegard von Bingen und ihre Impulse für die moderne Welt, Abtei St. Hildegard 1984, 27.
20 Heinrich Schipperges, Hildegard von Bingen. Ein Zeichen für unsere Zeit, Frankfurt 1981, 162.
21 Licht, 128.
22 LDO 908f.; WM 194f.
23 WM 27.
24 WM 30.
25 Licht, 78f. und 81.
26 Søren Kierkegaard, Die Krankheit zum Tode, München 1976, 99.
27 Søren Kierkegaard, Der Begriff Angst, ebd., 609.
28 Licht, 81.
29 Zit. nach Caecilia Bonn, Die Reue in der Schau Hildegards von Bingen, Abtei St. Hildegard o. J., 4.

30 Licht, 81.
31 Licht, 82.
32 Zit. nach Caecilia Bonn, Die Reue in der Schau Hildegards von Bingen, Abtei St. Hildegard o. J., 5.
33 Licht, 87.
34 Licht, 84.
35 Heinrich Schipperges, Hildegard von Bingen. Ein Zeichen für unsere Zeit, Frankfurt 1981, 135f. (Übersetzung leicht verändert).
36 Licht, 114.
37 WM 48.
38 Carmina 19.
39 Zit. nach Caecilia Bonn, Mut zur Ganzheitlichkeit, Abtei St. Hildegard o. J., 4.
40 WM 31.
41 WM 28.
42 Licht, 61.
43 Licht, 39.
44 Zit. nach Caecilia Bonn, Predigten zum Fest der hl. Hildegard, Abtei St. Hildegard o. J., 5.
45 Licht, 63f.
46 Brief an Papst Anastasius IV.
47 LDO 998; WM 280.
48 Licht, 40.
49 Licht, 40.

IV. Im Spannungsfeld von Europa und Christentum

Hedwig von Schlesien (1174–1243)

Je mehr eine Frau heilig ist,
desto mehr ist sie Frau.
Léon Bloy

„Wir sind in der neuesten Zeit überall bemüht, den Staatsmännern, Gelehrten und Künstlern würdige Denkmale zu errichten. Ein löblicher Eifer; denn es ist ganz recht, das Große und Schöne dankbar in dem Angedenken nachfolgender Geschlechter zu bewahren. Fassen wir aber die Geschichte, wie billig, in ihrer höchsten und am Ende einzig gültigen Bedeutung, als Vorschule nämlich und Erziehung des Menschengeschlechts für seine Endbestimmung eines jenseitigen höheren Daseins, so wird sich hienieden groß und klein, Lob und Tadel vielfach anders stellen, als in dem Geräusch der alltäglichen Gegenwart. Wir werden daher ohne Zweifel denjenigen Helden, welche unmittelbar für den höchsten Zweck durch Beispiel, Tat und Lehre gewirkt und nicht selten ihr Leben daran gesetzt haben, ganze verlorene Völker dem Himmel zuzuwenden, zu noch viel größerem Danke verpflichtet sein."

Solche von der Sprachlichkeit des 19. Jahrhunderts geprägten Sätze verdanken sich dem Romantiker Joseph von Eichendorff, der mit dieser Ouvertüre sein Fragment *Die heilige Hedwig* eingeleitet hat.

Die geschichtliche Konstellation, die zu einer so außerordentlichen Gestalt wie Hedwig führt, der größten mittelalterlichen Frau Schlesiens, lässt sich auf mehrfache Weise entfalten: einmal aufgrund der Vorgaben der Familie, zum Zweiten aufgrund der zeitgenössischen Auffassungen von Herrschaft. Beides ist „öffentliche" Mitgift, die durch Hedwigs innere Kontur, ihr eigentümliches Antlitz, geht, ihm überindividuelle Schattierungen verleiht. Hier sei zunächst der tief bestimmende Rahmen der Sippe ins Auge gefasst.

Politische Konturen einer Familie

Schon der erste Blick auf die Sippe zieht ohne Mühe einen durchgängigen roten Faden heraus.[1] Hedwig gehört einem Hause an, das im 12. und 13. Jahrhundert innerhalb kurzer Zeit zu unerwarteter Blüte aufgestiegen war, freilich ebenso jäh wieder buchstäblich ins Nichts abstürzte. Hedwig selbst erlebt den höchsten Aufstieg wie den endgültigen Untergang ihres bayerisch-fränkischen Geschlechtes Andechs-Meran-Plassenburg. Es ist ihr Vater Berthold IV., der über den angestammten süddeutschen Besitz hinaus von Friedrich Barbarossa ein weiträumiges Gebiet über die Steiermark und Kärnten bis nach Istrien und Nordkroatien = Meran, „Land am Meer", erhielt; dazu kamen Besitzungen in Südtirol, um den Übergang der deutschen Kaiser nach Italien zu sichern. Mit diesen zwar nicht zusammenhängenden, aber glanzvollen europäischen Ländereien gehören die Andechser von vornherein nicht nur zur Führungsschicht der Reichsritterschaft, sondern sind schon von der Ausdehnung her einem europäischen Kräftespiel zugeordnet – für das Bewusstsein der Sippe tief bestimmend. In einem fast zeitgenössischen Dokument, der *Chronica Alberici* von 1252, wird ein ungewöhnlicher Ton angeschlagen. Neben den vier Söhnen Bertholds werden die vier Töchter in vielsagender Weise eingeführt, ergreifen sie doch von der ganzen „Erde" Besitz: „Eine von ihnen war eine Äbtissin; die anderen drei teilten sich die Erde so auf: Die eine, Maria, wurde Königin von Frankreich, die zweite, Gertrud, die Gattin des Königs Andreas von Ungarn, die dritte Herzogin in Polen, welche Heinrich, der Herzog von Breslau, besaß."

Gemäß diesem stolzen Aufteilen der „Erde" unter den Andechser Töchtern lässt sich die Tatsache feststellen, dass die Sippe am Ende des 12. Jahrhunderts durch solcherlei Heiratspolitik sich in Ost wie in West festgesetzt hatte. Im Übrigen standen die Verbindungen sogar zum deutschen Kaiserhaus der Staufer hell im Familienbewusstsein. Hedwigs Bruder Otto hatte immerhin die Barbarossa-Enkelin Beatrix geheiratet und als Heiratsgut Burgund erhalten. Hedwig, die zu großen Gebärden der Demut fähig war, saß an der Breslauer herzoglichen Tafel immer erhöht gegenüber ihrer geliebten Schwiegertochter, der böhmischen Prinzessin und zeitweise regierenden Herzogin Anna. Dies rührte nicht allein von der Hierarchie des Alters her, sondern auch von dem immer wieder anzutreffenden Sippenbewusstsein höchster Adelszugehörigkeit des Hauses Andechs. Allerdings sank der Stern bereits mit Hedwigs Brüdern jäh und endgültig durch den bekannten Königsmord 1208 an dem Staufer Philipp von Schwaben im Bischofshof zu Bamberg, wodurch auch die Heirat von Hedwigs jüngster Tochter Gertrud mit Otto von Wittelsbach zunichte wurde. Hedwigs Brüder Heinrich und Ekbert wurden zwar zu Unrecht der Teilnahme am Mord angeklagt; ihre Ehrenrettung erfolgte jedoch zu spät, um den Glanz des Hauses, ganz abgesehen von der Schleifung der heimatlichen Burg 1246 durch die Wittelsbacher, zu retten.

Auch von der Mutterseite her trug Hedwig ein ansehnliches Erbe in sich. Agnes von Groitzsch, die Tochter des Markgrafen der Lausitz, gehörte dem Haus der Wettiner an, das in die Herrschaft über Sachsen und Meißen aufstieg. Diese Mutterlinie verbindet Hedwig von Anfang an mit Mitteldeutschland, und zwar ebenfalls mit einem Eliteadel. Ihre Hochzeitsreise von Andechs aus, wo sie vermutlich 1186 dem ihr zuvor unbekannten Piasten Heinrich dem Bärtigen, damals noch Herzogssohn ohne politische Aufgaben, angetraut wurde, führte sie gleichsam über Familiengebiet: über Kitzingen, wo ihre Erzieherin Petrussa lebte (Hedwig war ihr vom fünften Lebensjahr an übergeben) und wo später ihre Schwester Mathilde Äbtissin wurde, nach Bamberg, wo ihr Onkel Otto Bischof war, nach Sachsen und über die dortigen mütterlichen Stammburgen bis nach Breslau. Während der regierende Herzog und Schwiegervater Boleslaus die Burg Liegnitz für sich hatte erneuern lassen, wurde der Hof für das junge Paar in der Breslauer herzoglichen Burg eingerichtet, deren Kern heute noch erhalten ist.

Eine solche Aufzählung der familiären Verflechtungen könnte – wie andere ihrer Art – durch bloße Quantität ermüden; sie dient jedoch dazu, das Nachdenken über diese außergewöhnlich raumgreifenden Stützpunkte anzuregen. Die Familie hielt tatsächlich in gewissem Sinn die Grenzen des deutschen Reiches in ihrer Hand: Burgund, Aquileja, Krain, Kärnten, Istrien, Dalmatien, Südtirol. Dass dies nicht übertrieben ist, unterstreicht die Geschichte von der anderen Seite her, der Zukunft nämlich: Hedwig lässt sich erstaunlicherweise als Ahnfrau aller heute noch regierenden Königshäuser Europas nachweisen – sie ist Trägerin eines fortdauernden Blutes.

Damit wäre natürlich noch keineswegs eine eigentlich europäische Bedeutung im heutigen Sinne des Wortes an dieser potenten Familie abzulesen. Aber Politik ist hier keine Frage subjektiver Begabung oder Überzeugung, sondern wird mit der Abstammung gleichsam objektiv übernommen. Auch Hedwig, die mit ihren gerade zwölf Jahren weder charakterlich noch gedanklich ausgereift ist, ist sich der politischen Seite ihrer Heirat mit dem 18-jährigen Piasten bewusst und begreift ihre Ehe als eine Übernahme öffentlicher Verantwortung. Sie scheint das Amt nicht als Last empfunden zu haben, versucht offenkundig politischen Einfluss auf ihren Gatten zu nehmen und ein eigenes Handlungsfeld aufzubauen. Es reicht von Beratung des Gatten, der ihre Mitsprache von sich aus immer wieder suchte, von Fürsprache bei Gerichtsverhandlungen und Umwidmung von Todesurteilen bis zu Freilassungen oder Freikäufen. Unmittelbare politische Entscheidungen sind zwar nicht überliefert, doch hat Hedwig ihren Mann aus seiner schmählichen Gefangenschaft bei seinem Vetter Konrad von Masowien durch ihr persönliches Erscheinen und bezwingendes Verhandlungsgeschick ausgelöst – sie riskierte eine weite Reise an die Weichsel, entgegen den Wünschen des schlesischen Adels. Konrad behauptete später, die Herzogin hätte ihn „erpresst" – eine waffenlose Frau in Begleitung eines kleinen Hofstaates allein im feindlichen Gebiet! Der Sohn Heinrich hatte an einen Feldzug gedacht; Hedwig wählt erfolgreich die Waffen der Diplomatie und setzt auf den Eindruck ihrer Persönlichkeit und Redegabe. Und hier verklammert sie erneut Sippe und Politik: Sie selbst verlobt als „Dreingabe“ zwei Enkelinnen, Töchter Heinrichs II., mit Konrads Söhnen, um die politische Verflechtung der jeweiligen Länder zu stärken. Tatsächlich führen beide Seiten 1233/34 einen gemeinsamen Krieg gegen die heidnischen Pruzzen.

Der Familienakzent auf dieser großräumigen Planung kann freilich unter heutigen Voraussetzungen nicht mehr in seiner unangefochtenen Selbstverständlichkeit begriffen werden, schließt er doch die individuelle Liebe des von der Sippe verheirateten Paares nicht notwendig ein. Elisabeth von Thüringen, die sich als Nichte immer wieder zum Vergleich mit Hedwig anbietet, ist auch hier eine Ausnahme in der leidenschaftlichen Liebe zu ihrem Gatten und verkörpert bereits einen „neuzeitlichen“ Typus von Individualität. Hedwig selbst wurde im Sippeninteresse vergeben. Damit sei nicht gesagt, dass sie ihren Gatten nicht liebte; es handelt sich aber um eine aus der Notwendigkeit politischer Vernunft erwachsene und letztlich nicht von Hedwigs Impulsen bestimmte Ehe. Die ältere Eheauffassung, welche die Ehezwecke in der Abfolge Erzeugung von Kindern, Festigung des Geschlechtslebens und letztlich Zuneigung definiert, betont im Unterschied zum romantischen Liebesideal die ontologische Grundlegung der Ehe, nämlich die gegenseitige Ergänzung in den Pflichten, keineswegs ihren persönlichen Erfüllungscharakter. Hedwig gehört dieser Auffassung an und ist in diesem Sinne politisch, nämlich bereit, sich für öffentliche Belange, sei es der Sippe, sei es der mit der Sippe fast identischen Politik, zur Verfügung zu stellen.

Heiligkeit und Heftigkeit der Sippe

Ein letztes gewichtiges Erbe aus der familiären Mitgift Hedwigs sei ins Auge gefasst. Die Sippe Andechs-Meran mit ihren weiten Verzweigungen durch die zahlreichen Kinder weist eine hohe Dichte von Heiligen und Seligen wie umgekehrt von Gewaltmenschen und aus der Norm fallenden Mitgliedern auf. Man hat errechnet, dass über vierhundert Jahre hinweg 27 Personen beiderlei Geschlechts entweder kraft der Verehrung des Volkes oder kraft der kirchlichen Bestätigung als heilig angesehen wurden; dazu kommen noch allein im 12. und 13. Jahrhundert rund fünfzig Bischöfe, Äbte und Äbtissinnen. Und was die Materialseite solcher Heiligkeit angeht, so ist zum einen die Stiftungsfreude groß: Dießen am Ammersee und Langheim bei Lichtenfels sind Gründungen der Andechser. Bekannt ist auch der Anteil von Hedwigs Bruder Bischof Ekbert am Bau des Bamberger Domes, dessen Gnadenpforte die Huldigung Ekberts und des Andechsers Poppo an die Gottesmutter und die Dompatrone zeigt. Zudem war die Familie im Besitz eines außergewöhnlichen Heiltumsschatzes: Die Andechser Kapelle kam als Wallfahrtsziel im 12. Jahrhundert gleich hinter Aachen und Trier. Ein Teil der Dornenkrone Christi zählt heute noch zu den hervorragenden Schätzen. Nicht wenige Andechser waren nämlich als Kreuzfahrer hervorgetreten, deren Spuren noch in den orientalischen Gläsern aus dem 11. und 12. Jahrhundert im Besitz Hedwigs erkennbar sind.

Dieser gesuchten und gewollten Nähe zu allem Heiligen widerspricht nicht, dass die scheinbar gegenteilige Anlage zur Regelverletzung in der Familie zum Teil in scharfen Formen auftritt. Es mag sein, dass Hedwig diese Anlage an sich fürchtete und aus diesem Grund in beständiger Härte gegen sich selbst vorging, um den Ausbruch solcher Heftigkeit zu verhindern. Unter ihren sieben Geschwistern finden sich beide Möglichkeiten erkennbar ausgeprägt. Um nur bei den Schwestern zu bleiben: Agnes ging unter dem Namen Maria als ehebrecherische Gattin des französischen Königs Philipp II. August in die Geschichte ein – nach den Zeugnissen ein ebenso leidenschaftliches wie „allzu schönes" Mädchen *(nimis pulchra)*, das nach der Verbannung von des Königs Seite an gebrochenem Herzen starb, was in diesem Fall kein Klischee ist. Die andere Schwester Gertrud, der ebenfalls ein Teil der „Erde" zukam, wurde nach einer verhassten Herrschaft als ungarische Königin, deren überdurchschnittliche Grausamkeit und Goldgier hervorstachen, von ihrem Adel ermordet. Die dritte Schwester Mechthild wiederum lebte als hochangesehene Äbtissin in Kitzingen. Dies nur ein zufälliger Schnitt durch das Familienpanorama. Hedwig nimmt aus diesem gleichermaßen zuchtvollen wie zuchtlosen Erbgut den Stoff zum Außergewöhnlichen. Ihre Leistungen als Landesmutter beruhen auf einer gesteigerten Mitgift: der Gabe, sich selber bis an die Grenze des Möglichen zu fordern. Das ist freilich keine Übersteigerung im exzentrischen Sinn. Eine ihrer auffallenden Eigenschaften besteht in ausdrücklicher Klugheit, das heißt im zutreffenden Einschätzen der Lage. Zu ihrer Kontur gehört beispielsweise großer Reichtum; neben dem herzoglichen Hofstaat besaß Hedwig umfangreiches eigenes Personal: männliche und weibliche Dienerschaft, Kapläne, Verwalter und Richter.[2] Eigengüter wie Schawoine brachten einen hohen jährlichen Ertrag. Doch Hedwigs Klugheit nimmt diesen herausragenden Besitz gleichsam nur in Verwaltung; regelmäßig werden die Bedürftigen unterstützt, bei einer Hungersnot werden alle Vorräte verteilt – die Großzügigkeit nimmt so wenig Rücksicht auf die eigenen Bedürfnisse, dass sie nur ein Hundertstel ihrer Einkünfte für die eigenen notwendigen Ausgaben zurückbehält. Erwähnenswert ist der gute Rat an ihren Mann, jedem Armen dasselbe zu geben, „des Neides wegen" – ein Hinweis auf die psychologische Beobachtungsgabe der Herzogin.

Damit ist der Zug zur Selbstübersteigung besser zu fassen: Es handelt sich um eine Konzentration auf das hier und jetzt Wichtige, das alle Kräfte abfordert, aber nicht um eine schwärmerische Überfrachtung ihrer selbst, die ja im Letzten eine Fehleinschätzung wäre und mit dem Verlust an Kraft bezahlt wird. *Iustitia*, Gerechtigkeit, steht zuoberst auf ihrem Trebnitzer Grabmal geschrieben – jene seltene distributive Gerechtigkeit, die jedem das Nötige und Mögliche zukommen lässt.

Herrschaft und Heiligkeit

Alle genannten Elemente seien nun zum eigentümlichen Profil Hedwigs verdichtet, um die Frage zu beantworten, weshalb gerade diese fremde Herzogin über 750 Jahre hinweg bis heute das starke und zugleich milde Leuchtfeuer Schlesiens und seiner zwei Völker geblieben ist. Etwas unvergessen Schönes scheint mit ihr geglückt zu sein. Dabei steht sie im 13. Jahrhundert mitten in einer umfassenden Zeitveränderung. Und so weist sie dem Blick, der das Jahrhundert vor und nach ihr umfasst, zwei Gesichter auf. Das eine vertrautere, weil uns nähere, gleicht dem ihrer Nichte Elisabeth von Thüringen, deren Schleier sie in ihrer schweren und von Dämonen angefochtenen Todesstunde in Händen hielt. Dieses erste, rasch lesbare Gesicht ist das dienstwillige, das in allem Freimut büßt, auf den zustehenden Glanz verzichtet, das sich Christus ganz in seiner Armut, in seiner menschlichen Entbehrung hingibt. Er wird im Elend seiner Geschöpfe aufgesucht und getröstet – gespeist, getränkt, gebadet, wie es die starke Frau selbst auf den Knien an den Armen tut. Dazu gehört ihr tränenüberströmtes Antlitz beim Gebet; Hedwig steht – mehr noch als bei Franziskus – deutlich in der Nähe der Zisterziensermystik des Bernhard von Clairvaux. Wie bei diesem löst Christus einmal die Hand vom Kreuz, um die Kniende zu segnen – Zeugnis einer beobachtenden Dienerin.

Das andere Gesicht aber ist das fernere und mit der ekstatischen Selbstvergessenheit des karitativen Dienstes nicht beschrieben. Es ist das scheinbar gegenteilige Gesicht der geborenen Herrin, deren Anordnungen genau bedacht sind: ein Antlitz aus Klasse und Rasse der höfischen Frouwe des 12. Jahrhunderts. Solche Übung des klugen Befehlens, ständigen Besserns prägt noch das Gesicht der alten Herzogin. Hier dringen Stärke, Willenskraft, Planung durch. Mit dieser ordnenden Haltung steht sie in der Nachfolge nicht allein des gepeinigten, sondern des machtvollen Christus, der Dämonen, Tod, Untergang verachtet, frei über den Seesturm gebietet, dem der Sieg von nichts und niemand zu entreißen ist. Dieses Göttliche steht unangetastet über dem menschlichen Elend, unverwundbar stark, selbst in seinen Wunden sieghaft. Solche Größe göttlichen Herrschens hatte die romanische Kunst herausgearbeitet. Erst im 13. Jahrhundert wird Gott in seiner menschlichen Schwäche anschaulicher, weil erst der Bettler von Assisi die europäische Entwicklung, künstlerisch wie geistig, in diese Richtung des göttlichen Menschenbruders angestoßen hatte. Aber Hedwig trägt unter ihrer Liebe zum gedemütigten menschlichen Herrn noch das ältere Antlitz: die überpersönliche Hoheit. Die göttliche Kraft findet im Menschen nicht eigentlich eine Entsprechung, es sei denn in den Vertretern des Adels, des Königtums, der Herrscherwürde. Sie stellt ihre Träger unter ein Gebot, im Grunde unter das Gebot der Heiligkeit, die bis zur Heilgabe reichen kann. *Per me reges regnant* – „durch mich regieren die Könige". Über den Mitgliedern der alten Häuser liegt die Gnadenwahl, die Auszeichnung zur Größe, die Nähe zum Heiligen – eben wie in der Ammerseer Klosterkirche Dießen der „bayerische Heiligenhimmel" dieses Geschlechts in der Kuppel leuchtet. Für die alte Zeit bedeutete das Fürstentum eine notwendige Verwandtschaft mit dem göttlichen Souverän, die wirkliche Pflicht zur Wahrung der vielen anvertrauten Leben.

Und daran hat Hedwig noch teil, daher rührt ihre oft betonte Strenge nicht nur zu sich, sondern auch zu anderen. Es ist die Strenge nicht des Charakters, vielmehr der Aufgabe: zu befehlen, Gehorsam für das Rechte zu fordern, das Rechte überhaupt anschaulich zu machen. Wenn sie über das Land reist, lässt sie sich Heiligenbilder vorantragen und drückt selbst eine Marienfigur an sich: Anschauungsunterricht für die Analphabeten ihres damals wilden, unzugänglichen Landes. Darin liegt der hohe erzieherische Zug für ihre beiden Völker, der etwa der Nichte Elisabeth durchaus fehlt. Erziehung der unmittelbar Anvertrauten, sei es der geliebten Schwiegertochter Anna, der Hedwig Rat für das geschlechtliche Leben gab, sei es einer alten Wäscherin, die sie zehn Wochen in ihrem Schlafgemach behielt, bis sie ihr das Vaterunser beigebracht hatte. Erziehung mit Selbstverständlichkeit auch des ungebildeten Klerus: Hedwig gründet die Domschule in Breslau, holt mit den Zisterziensern die damalige Gebetskultur und Technologie ins Land, ordnet die Pfarreien. Mit derselben Selbstverständlichkeit kümmert sie sich um die Bildung der Frauen jeder sozialen Schicht, der pruzzischen wie der slawischen wie der deutschen. Hedwig habe das Spinnen, die Leinenweberei und den Weinbau in Schlesien eingeführt – hier taucht in ihr das Bild der Urmutter-Gottheit auf, die ihrem Land die vielerlei weiblichen Künste des Lebens bringt. All das scheint mit jener Helle zusammenzuhängen, die das Volk nie an ihr vergessen hat.

Hedwig lebt in einer hohen Formbewusstheit des Verhaltens, seit sie als mädchenhafte Braut 1186 mit dem achtzehnjährigen Heinrich in ein fremdes, weithin unkultiviertes Land zog, mit zwölf Jahren scheinbar wenig für ihr Amt gewappnet. Doch ist sie rasch eins mit ihrer Aufgabe, kennt keine Anfechtung über Sinn und Wert der Macht. In der überpersönlichen Form der Herrschaft stand Hedwig und verließ sie nicht, während die jüngere Elisabeth, die mutterlose und solcher Erziehung entronnene, ihre Landgräfinnenwürde mit der Leichtigkeit der Liebe wegwarf. Besser gesagt: diese Würde in der Umkehrung Jesu zur Magdsgestalt umformte. Hedwig dagegen blieb wirklich Herzogin bis ans Ende, und das Ende war durchaus bitter. Sie blieb Herzogin in der Todesstunde ihres Gatten, den sie wegen seines Kirchenbannes auch auf dem Todeslager 1238 nicht aufsuchte – hier war sie Landesmutter, nicht Gattin. Sie blieb königlich nach der Mongolenschlacht von Liegnitz 1241, dem „Thermopylä der Schlesier“[3], als sie ohne Tränen den enthaupteten Leichnam ihres Sohnes aufgrund einer sechsten Zehe am Fuß identifizierte. Hedwig schreit nicht, sie steht auch hier unter der Form der großen Frau. (Man stelle sich dagegen Elisabeth in ihrem Schmerzensausbruch bei der Todesnachricht ihres Gatten vor, in ihrer zärtlichen Sorge für die Kinder – eine in ihrer Leidenschaft viel „moderner" anmutende Gestalt.)

Nie verlässt Hedwig der persönlichen Empfindung wegen ihre Aufgaben als Landesmutter, ja nicht einmal die Repräsentation – wie modisch, mit langen Schleppenärmeln und eng anliegendem Gewand, lässt sie sich auf ihrem einzigen erhaltenen Siegel abbilden! Hedwig war von früher Kindheit an durch ihre benediktinische Meisterin Petrussa in ihre hohe Geburt eingepasst worden – in die große Gebärde der Fürstin, die unter dem Maß des Vorbildes für viele steht. Für sie ist Adel gepaart mit Gerechtigkeit, Klugheit verbunden mit Befehlenkönnen. Übung und Anlage bilden eine allem gewachsene Haltung aus, Entschlusskraft und Ideenreichtum in der Bändigung der Wildnis. Die Todeskandidaten bittet sie frei, damit sie ihre Schuld beim Bau der Projekte der Landesmutter abarbeiten – die erste europäische Umwidmung von Strafe. Die durchgängige Askese Hedwigs in Nahrung, Kleidung, Schlaf führt weder äußerlich noch innerlich ins Kloster oder in die Weltentsagung. Die Witwe lebt in ihren alten Tagen in ihrer bedeutenden Gründung Trebnitz nördlich von Breslau, tritt aber nicht ein – wie hätte sie auch ihrer jüngsten Tochter, der Äbtissin Gertrud, plötzlich als Nonne gehorchen können? Solche Umkehrungen waren ihr fremd. Nie hätte sie wie Elisabeth danach verlangt, vor fremden Türen zu betteln – sie ist die geborene und erzogene Spenderin, die Freigebige, die ihren Reichtum nutzt und in den Armen anlegt – jenen gerechten Reichtum, der so selten anzutreffen ist. Überhaupt treten das Tüchtige, Taugliche, Sorgliche bei ihr unmittelbar hervor. Ihr Naturell war warmherzige Energie, kluges Planen, großzügiges Durchsetzen. Bei allem Blick für das Unbedingte hat Hedwig auch die ruhige Geduld für das Bedingte. „Liebe übersetzt den Himmel, Grenzenloses in Begrenztes."[4] Ein Beispiel: Als Hedwig sich und ihren Gemahl 1209 öffentlich zur geschlechtlichen Enthaltsamkeit verpflichtet, hatte sie ihm zuvor sieben Kinder geboren (und sechs sollte sie wieder verlieren).

Und damit ein Blick auf die Innenseite solchen Herrschens: Bei aller Erziehung der anderen erzieht Hedwig lebenslang vorrangig sich selbst, in den „klassischen" Haltungen des Verzichts, der Fasten und nächtlichen Gebetswachen. Diese Arbeit an sich leistet Hedwig ebenso beständig wie unauffällig, ohne nach außen bitter zu wirken. „Sorgsam bestellte sie den Acker ihres Leibes", sagt die Große Legende. Hedwig ist unerbittlich sich selbst gegenüber; hier achtet sie den Geburtsadel nicht, kleidet sich – außerhalb der Repräsentation – nicht auffallend, vor allem: Sie verschmäht so weit wie möglich Schuhe, wobei man unter dem langen Gewand die bloßen Füße nicht sieht; in die Schrunden ihrer Sohlen lässt sich ein Finger legen. Die liebliche Zeichnung des Schlackenwerther Codex von 1356 zeigt Hedwig, elegant gekleidet, mit Stiefeln über dem Arm; der Beichtvater habe ihr nämlich das Tragen von Schuhen befohlen, und sie habe sie auch „getragen", freilich anders als er wollte. Unter dem Gewand sind die erfrorenen Füße ...

So bleibt Hedwig botmäßig ihrer hohen politischen und bildnerischen Aufgabe, ohne Ressentiment, kennt aber mitten in den Pflichten ihres Amtes auch ein Abschließen ihrer selbst, ein Freiwerden für den eigentlichen Herrn. Als ihre Grablegung einige Wochen vor ihrem Tod 1243 besprochen wurde, kam der Vorschlag, sie beim Gatten oder doch beim geliebten

Sohn Heinrich zu bestatten. Hedwig verwahrt sich in eindrucksvoller Selbstbehauptung – wenigstens im Grab wolle sie „mit keinem mehr Gemeinschaft haben“ ... Hier sind die Familie und die Politik – was im Sippenbewusstsein dasselbe ist – endgültig zurückgetreten vor der Wahl des eigenen Herzens.

So sei das Leuchtfeuer, das den Namen dieser Frau über 750 Jahre hinweg lebendig erhielt, versuchsweise so benannt: In Hedwig von Andechs und Schlesien ist das seltene Zusammentreffen von Hingabe und Führungskraft, von Selbstvergessenheit und Würde noch einmal unauslöschlich gelungen, bevor die der Neuzeit zustrebende leidenschaftliche Selbstsuche diese mittelalterliche Balance aufhob. Die ungewohnt gewordene königliche Frau in ihrer Verbindung von Geist und Tapferkeit zeigt Haltung – durch Gehaltensein. Das Aufleuchten der Macht ist hier auch ein Aufleuchten ihres heiligen und heilenden Sinnes: Die Fürstin erscheint als Trägerin des göttlich Rechten und Aufrichtenden. Sie weist ein ganzes Land in das Leben ein, zieht es aus dem bloß tierhaften Überleben heraus. Die Legende kennt ein Bild: Hedwig ging mit bloßen Füßen durch den Schnee zur Kirche, und solange sie darin betete, von Tränen überströmt (denn hier schlug ihr eigentliches Herz), trat die frierende Dienerin in die Fußstapfen, um sich darin zu wärmen. Für uns sind Ämter und Repräsentationen fragwürdig geworden, sie scheinen ihre Inhaber zu „erkälten“. Bei Hedwig aber bleiben Leidenschaft und Glut im Schnee des Amtes erhalten – ein seltenes und kostbares Bild.

1 Die folgenden Daten stützen sich auf Josef Gottschalk, St. Hedwig, Herzogin von Schlesien, Köln/Graz 1964; sowie auf Josef Kirmeier/Evamaria Brockhoff (Hg.), Herzöge und Heilige. Das Geschlecht der Andechs-Meranier im europäischen Hochmittelalter, Würzburg ²1993.
2 Gottschalk, 166f.
3 Hermann Hoffmann, Die heilige Hedwig, Meitingen 1934, 33f.
4 Maria Eschbach, Das weiße Kleid. Gedichte, Einsiedeln 1986.

V. Feuer und Blut

Caterina von Siena (1347–1380)

An Caterina „heranzukommen“, gar mit ihr vertraut zu werden, ist nicht ohne Fußangeln. Seit die Analphabetin und im heimatlichen Dialekt sprechende Färberstochter 1970 zur Kirchenlehrerin und 1999 zur Mitpatronin Europas erhoben wurde, wird zwar noch mehr als zuvor, in den verschiedensten Geisteswissenschaften, über sie geschrieben, Abträgliches, Spöttisches und Verehrendes – sie scheint eine Art Brennpunkt im Drama des 14. Jahrhunderts zu bilden, in dessen Faszination und Wildheit gleichermaßen. Was an Caterina schnell und stark berührt, ist das allen Rahmen sprengende Leben: Fast alles an ihr ist ungewöhnlich. Aber in dem Ungewohnten stecken Anziehung und Befremdung. Caterina gehört dem endenden Spätmittelalter an; ihre Art, zu leben und mit Gott umzugehen, ist heute auf bestürzende Weise fern: ihre heftigen, den ganzen Leib fordernden Visionen, ihre Theologie des Blutes, ihre Sinnlichkeit auch im Geistigen. Auf der anderen Seite stehen Charme und Charisma unmittelbarer Anziehung, seltener ungebrochener Identität auch als Frau, eine ursprüngliche Theologie nicht aus Studium, sondern aus Eingebung. Oft lässt sich auf Anhieb auch schwer unterscheiden, ob diese Einheit von Mystik und Politik, von Inspiration und Leib, von Gottes- und Weltliebe heutig oder vorgestrig ist – um nur erst ein Gefühl, keineswegs ein Urteil aufzurufen.

Auf der Suche nach ihrer Kontur muss daher an erster Stelle diese Fremdheit auftauchen, sonst ist der sechshundertjährige Abstand über die gesamte Neuzeit hinweg – die ja selbst ihrem Ende zugeht – nicht ernst genommen. Zu schnelle Identifikation mit Caterina enthebt in Wirklichkeit von der Anstrengung, einen bis heute nachhallenden Anstoß dieser Frau aus der Zeitbindung herauszulösen. Zweierlei wäre demnach im Auge zu behalten: die Ferne der Lebenswelt des 14. Jahrhunderts und die heutige Gültigkeit von Caterinas Lebens- und Denkentscheidungen. Beides soll im Folgenden in einem konzentrischen Einkreisen ihrer Gestalt zur Wahrnehmung kommen, und zwar in sich vertiefenden Kreisen.

Caterinas Leben in den Wehen des 14. Jahrhunderts

Die Mitte des von Krisen gepeinigten 14. Jahrhunderts kennt ein einschneidendes Datum: die Schwarze Pest von 1348; Caterina ist gerade ein Jahr alt. Unaufhaltsam Europa durcheilend, von Sizilien über die Hafenstädte des Mittelmeeres bis zum nördlichsten Europa, riss die Pest etwa ein Drittel der Bevölkerung mit sich, blitzartig, wo immer sie eintraf. Das Grauen dieser Epidemie drang in alle Lebensbereiche: Tod hing in der Luft, ein anschaulicher, handgreiflicher Schatten des Lebens. Siena verlor die Hälfte seiner Bevölkerung und war gezwungen, den Bau der größten Kathedrale der Welt einzustellen – der heutige Dom besteht nur aus dem Querschiff. Der Chronist der Stadt, Agnolo di Tura, berichtet eine auch anderwärts überlieferte Erscheinung: „Väter verließen ihre Kinder, Frauen ihre Männer, ein Bruder den anderen, denn die Pest schien mit Blicken und Atem übertragbar. So starben sie. Niemand war zu finden, der die Toten begrub, nicht für Geld und nicht für Freundschaft. [...] Und ich, Agnolo di Tura, genannt der Fette, habe meine fünf Kinder mit meinen eigenen Händen begraben, und viele taten es mir nach. [...] Und keine Totenglocke ertönte, niemand wurde beweint, weil alle den Tod erwarteten. [...] Die Menschen sagten und glaubten: ‚Das ist das Ende der Welt.'"[1] 1374 rollt eine zweite große Welle der Pest; Caterina verliert zwei Pflegekinder sowie acht Neffen und Nichten. Allgegenwärtig duchtränkte der Tod auch die Literatur: Francesco Petrarca (1304–1374) stößt die abendländische Reflexion an mit seinen „Gesprächen über die Weltverachtung" und den stoisch unterlegten „Heilmitteln gegen Glück und Unglück". Eitelkeit, tiefe Vergeblichkeit, Auslieferung an das Ende, *miseria hominis* sind die Akkorde: Das Leben verlor die Zuversicht des wenigstens auf Zeit Gesicherten. Petrarca kennt eine „Pest der Seele", *pestis animi*, die Willensträgheit mit der Grenze zur Gemütskrankheit, Trostlosigkeit: *acedia*. „Keine Wunde in mir ist so alt, dass sie durch Vergessenheit vernichtet wäre; frisch ist alles, was mich peinigt. [...] Hinzu kommen auch Hass und Verachtung gegenüber der menschlichen Lage (*humanae conditionis*). Von alledem überwältigt, kann ich nicht anders als tieftraurig sein. Ob du so die ‚Krankheit' oder die ‚Trägheit' oder was immer sonst definierst, daran liegt mir nicht viel; über die Sache selbst sind wir ja einig."[2] Das Todesmotiv, ja die fast magische Zelebration des Todes (als wolle man den Allherrscher in solcher Verherrlichung bannen) durchzieht den „Herbst des Mittelalters"[3]. Die große Pest von 1348 wird eigenartigerweise zeitgleich von einem Erdbeben begleitet, das sich auch in den Folgejahren immer wieder rührt – von Italien bis in die Niederlande – und eine apokalyptische Grundstimmung herausfordert.[4]

Die unmittelbare Bedrohung für Leib und Leben schien jedoch nur ein kleinerer Spiegel von unüberschaubaren, großräumigen Umwälzungen in der Politik. Die Päpste hatten schon zu Beginn des 13. Jahrhunderts aus politischen Rücksichten Rom verlassen müssen – Bonifaz VIII. war 1303 vom französischen König verhaftet worden. Avignon wurde zum „Gegen-Rom" erhoben, gedeckt vom zynischen Satz Charles' V., Rom sei, wo immer sich der Papst gerade aufhalte. Die französischen Träger der Tiara standen unter den Forderungen der französischen Krone. Birgida von Schweden (1303–1373), in vieler Hinsicht die „ältere Schwester" Caterinas, sieht auf einer Pilgerreise nach Compostela in Avignon die Dämonen hausen. Als sie im Heiligen Jahr 1350 nach Rom zieht, findet sie dort bereits die ehrwürdigen Stätten am Zerbröckeln. Den abwesenden Klemens VI. nennt sie „ein Tier auf dem Throne, das die Augen im Nacken hat, von Würmern zernagt; eine Schlange haust in seinem Herzen". In jahrelangem Warten lernt sie die Stadt genau kennen: „Kirchen ohne Dach, von Hunden bewohnt, mordender Adel, Priester, die im Golde wühlen, ihre Befugnisse verkaufen. ‚Verbraucht in Sünden schwimmen die Seelen zur Hölle.' […] Sie geht in zerrissenen Schuhen, verkauft ihren Hausrat, während die Kardinäle in prächtigen Mänteln vorüberreiten. (Sie aber sieht, wie schwarze Teufel sich an ihre Hälse hängen, grinsend auf ihren Schultern sitzen.)"[5]

Petrarca, in der Provence aufgewachsen und dort zum Studium gekommen, brandmarkt zur selben Zeit die Huren-Stadt Babylon-Avignon in seinem *Buch ohne Namen* als Hauptstadt aller Verworfenheiten, Weltmitte der Todsünden. In drei Sonetten ruft er die äußersten Bilder auf für die „babylonische Gefangenschaft" der Kirche:

In deinen Räumen – Lärm von wilden Tänzen,
Mädchen und Greise! Satan tritt die Bälge,
Schürt rings die Glut, lässt rot die Spiegel glänzen.[6]

Die kaiserliche Macht hielt sich fern von Italien, dem kulturell führenden europäischen Staat, in dem sich die alte Feudalordnung in entsetzlichen Kämpfen auflöste. Dante nennt schon zu Beginn des Jahrhunderts sein Vaterland eine „wilde Stute, bösartig, unbändig und grausam“[7]. Im Geburtsjahr Caterinas, 1347, ruft Cola di Rienzo in Rom einen Volksstaat nach altrömischem Muster gegen die Herrschaft der Adeligen aus – ein abenteuerlich-naiver Versuch, der bald im Blut unterging. Petrarca vergleicht Italien später mit einem von Wunden übersäten Todkranken, und zwar in einem Brief vom September 1370 an Urban V., den er (vergeblich) zur Rückkehr als „Arzt“ beschwört.[8] Die langwierigen Fehden der italienischen Stadtstaaten, die unaufhörliche Selbstzerfleischung – mithilfe ausländischer Söldner, die sich nach Art von Banden gegebenenfalls selbstständig machten – und die politische Dauerunruhe scheinen unbefriedbar. Am Ende des Jahrhunderts gibt es zwei Kaiser, zwei und schließlich drei Päpste: die verheerendste Zerrüttung der höchsten Ordnungsmächte in Europa, womit im Grunde in epochalem Maßstab auch das Ende des Mittelalters markiert ist. Ein selten zerstörerisches Jahrhundert also, dessen äußere wie innere Destruktion an den Massenneurosen und -psychosen sichtbar wird, die, religiös unterlegt, die Öffentlichkeit heimsuchen: Geißlerzüge, welche die offenkundigen Zerstörungen als Strafgericht deuten und durch Selbstquälung aufhalten wollen.[9]

Aus solchen Schattierungen taucht das „herbstliche“ Lebensgefühl der Zeit Caterinas auf: Wand an Wand mit dem Tod gestaltet sich der Alltag der reichen und von Florenz bedrohten Stadt Siena. Als Rückseite dieser Todesnähe lebt die Zeit eine betonte Körperlichkeit und Anspannung aller Sinne, fast bis zur Brutalität. Jede mittelalterliche Stadt ist in einem heute unvorstellbaren Maße sinnlich geprägt: von Farben, von Geräuschen und vor allem von Gerüchen. Caterina, 1347 gerade vor der mörderischen Pest geboren, wächst in einem Färberhaus, d. h. vor allem zwischen Gerüchen auf; sie wird später das Blut der Hingerichteten, die sie zum Block begleitet, nicht aus ihren Kleidern herauswaschen, weil sie darin das Blut Jesu riecht; sie wird auch dem Gestank der Verwesung und ihrer Nase nachgehen, wenn sie unbestattete Tote in verlassenen Pesthäusern sucht, auf ihrem Mantel vor die Stadt schleift und dort begräbt – am Beginn ihrer „öffentlichen" Laufbahn, etwas älter als zwanzig Jahre. Caterina ist von der Anlage her sinnlich, auch geschlechtlich sinnlich – ihr Leib irritiert und quält sie immer wieder. Sie bändigt (nicht ohne Mühe) ihre Geschlechtlichkeit; die Sinne bleiben aber ihre Grundmotorik. Caterina riecht und schmeckt die Welt und Gott. *Sapientia*: bei ihr wirklich in der Urbedeutung „Geschmack" und nicht bloß Weisheit.

Das Elternhaus Benincasa, reich im reichen Siena, ist eine vielfältige Welt: Dreiundzwanzig leibliche Geschwister, viele davon schon verheiratet und mit eigenen Kindern, Domestiken und Arbeiter in der Färberei ergeben einen übergroßen Haushalt. Auch der Tod ist anwesend: Er nimmt Caterinas Zwillingsschwester als Säugling mit; Caterina überlebt und wird von der Mutter, Monna Lapa (einer Tochter des Dichters Puccio Piacenti), als letztes, vierundzwanzigstes Kind lange gestillt. Geliebt, aber in dem offenen Haushalt auch nicht abgeschirmt, nimmt die Kleine früh die bösen Unruhen ihrer Zeit wahr, auch die Dauerbedrohung der Vaterstadt durch das feindliche Florenz, das tatsächlich über die kulturell und ästhetisch raffiniertere Stadt siegen wird.

Im Alter von sieben Jahren erfährt das wache und deswegen verletzliche Kind Trost: Über der Nachbarkirche San Domenico erscheint ihr Christus in weißen, päpstlichen Gewändern, von ebenfalls weißgekleideten Heiligen umringt. Im Lächeln und im Segen Christi empfindet sie sich erstmals ihm tief verbunden, von Grund auf eigen. Sie beginnt, ihm zu dienen und zu helfen: In Bußübungen geißelt sie sich mit ihren kindlichen Freundinnen zur Sühne und Stellvertretung. Später wählt die Heranwachsende in einem Traum zwischen verschiedenen Kleidern den weißen Mantel des Dominikus. Die Familie knüpft freilich andere Interessen an das schöne Mädchen; die Mutter veranlasst sie, der Mode entsprechend, ihre Haare zu bleichen, man denkt an rasche und günstige Heirat. Caterina schließt sich eng an die geliebte Schwester Bonaventura an, die ihr erstes Kind erwartet und an diesem Kind bei der Geburt stirbt. Eines Tages erscheint Caterina bei Tisch mit rasiertem Kopf und eröffnet der skandalisierten Familie, sie möchte Mantellatin im Drittorden der Dominikaner werden. Der Wunsch erscheint sachlich unerfüllbar: Zum Drittorden zählen nur ältere, in der Regel verwitwete Frauen, die die Werke der Nächstenliebe und Buße unklausuriert in den eigenen Häusern betreiben. So wehrt nicht nur die Familie, sondern auch der Orden ab: Caterina ist zu jung und anziehend. Darauf fällt sie in eine schwere, sichtlich seelisch ausgelöste Krankheit, die ihr Äußeres entstellt. Vor der Entschiedenheit der Siebzehnjährigen geben Familie und Orden nach: 1364 wird Caterina Mantellatin, was zunächst Gebet und Barmherzigkeit meint, sonst aber keine näher beschriebenen Aufgaben markiert und außerdem den Verbleib im Elternhaus voraussetzt.

Nun tritt eine weitere Merkwürdigkeit ein, nachdem der Starrsinn durchgesetzt ist: Caterina lebt drei Jahre lang schweigend und betend nur in einer ihr überlassenen Kammer, isst allein, schläft wenig, verlässt den Raum nur morgens zum Gottesdienst, ist für die Familie und die sonstige Welt wie gestorben. In diese stummen, von außen nicht einsichtigen Jahre fallen unbeschreibliche Grunderlebnisse: die geistliche Vermählung mit Christus, der Herzenstausch und eine mehrstündige Todesstarre bei der Einung mit Gott.

Mit einundzwanzig Jahren erscheint Caterina unerwartet wieder zum Essen am gemeinsamen Tisch und übernimmt nun zum ersten Mal die Außendienste einer Mantellatin: Krankenpflege, auch älterer Mitschwestern (darunter einer böszüngigen, die ihr geschlechtliche Laster nachschreit); Armenspeisung und -kleidung (wie Franziskus gibt sie dabei einmal ihr eigenes Gewand weg und greift auch, vom Vater geduldet, in die Kleidertruhe zu Hause); Trostgespräche mit Gefangenen; Begleitung von Todeskandidaten zur Richtstätte – all dies unterlegt von einer unerklärlichen Bekehrungsgabe und Überzeugungskraft. Zwei ihrer Brüder geraten – als Parteigänger einer gestürzten Sieneser Regierung – in Acht und Bann; Caterina nimmt sie, als das Todesurteil droht, ebenso einfach wie voller Autorität bei der Hand und führt sie durch die feindlichen Viertel in Sicherheit. Fast unmittelbar scharen sich auch Anhänger beiderlei Geschlechts und aus allen sozialen Schichten um sie: ihre „famiglia", die „dolcissima mamma" umgebend und von ihr zu Gebet und Caritas angespornt. Kirchlicher Verdacht bleibt nicht aus: Ihr Orden bestellt sie im Mai 1374 vor das Generalkapitel in Florenz, um ihre eigenartige Lebensführung – wohl auch ihre Visionen – zu durchleuchten. Caterina besteht das Verhör, offenbar glänzend. Sie gewinnt sogar nicht vorausgesehene Hilfe: Der Dominikaner Raimund von Capua wird ihr als geistlicher Begleiter zugeordnet, der sie in ihren neu zuwachsenden Aufgaben bedeutend unterstützt und später ihre Lebensbeschreibung mit dem Blick des wirklich vertrauten und doch nicht unterscheidungslosen Zeugen niederlegt.

Caterina hat nur noch sechs Jahre Lebenszeit, um jene kaum vergleichbare politische Wirkung zu erreichen, die bis heute mit ihrem Namen verknüpft ist. 1375 verwirrt sich die schlechte politische Lage Oberitaliens ins Heillose. Florenz, dem ein Getreideimport aus den Kirchenstaaten in der Hungersnot von 1374/75 verweigert worden war und das um schweres Geld von den ausländischen Söldnertruppen erpresst wurde, rechnete dies dem Papst an und rief zu einer antipäpstlichen Liga auf. Sein Banner „Libertas" war freilich selbst nicht national, sondern durchaus partikularistisch und eigensüchtig gedacht. Gewonnen wurde zuerst das starke Visconti-Mailand; Pisa und Lucca bedenken den Beitritt, als Caterina im Gefühl äußerster, nicht wieder gutzumachender Not ihren gewohnten Rahmen des Handelns sprengt: Sie reist in die beiden Städte, entwirft Konzepte der Aussöhnung, schreibt starke und klare Briefe: kein Bündnis irgendeiner Art gegen den Papst, sofortige Rückkehr des Papsttums von Avignon nach Rom, um den Frieden jenseits aller politischen Interessen bedingungslos zu vermitteln, und zwar als moralische und nicht als selbstsüchtige Größe, Abzug der ausländischen Söldnerbanden aus Italien durch die Konzentration auf einen anderen, würdigeren Kampfplatz, die Eroberung Jerusalems. In der Mitte dieser verflochtenen

Denkwege aus der Misere steht das Papsttum, das sich bisher allen ähnlichen Appellen verschlossen hatte. Schon Birgida von Schweden hatte das Äußerste unternommen: Sie stellte sich Urban V., der 1367 für einige Jahre in den wieder erstarkten Kirchenstaat zurückgekehrt war (nach sechzig Jahren der „Witwenschaft“ Roms) bei seinem neuerlichen Aufbruch in Montefiasone in den Weg. Falls er die Reise fortsetze, werde er sterben, so ihr Spruch – aber auch diese „demütig-furchtbare Sibylle“[10] hinderte Urban nicht, tatsächlich nach Avignon – in seinen Tod übrigens – zurückzukehren (1370).

Für Caterina gilt nur eines: das Unerreichbare doch zu erreichen.

1375 von Pisa aus, Schritt für Schritt, sucht sie das Verhängnis zu entflechten: Zunächst versendet sie Aufrufe zum Kreuzzug, um die verhassten Söldner einzubinden in die Ritterschaft, um das christliche Zypern von der Türkengefahr zu entsetzen, um das Heilige Land zu befreien und um die italienischen Händel durch den gemeinsamen Feind zu einen. Kein einziges dieser Ziele gelingt, im Gegenteil verkehrt sich alles ins Fruchtlose: Im Juli 1375, zeitgleich zur päpstlichen Kreuzzugsbulle, schließen sich auch das heimatliche Siena, danach Pisa und Lucca der antipäpstlichen Liga an; Perugia und Bologna empören sich gegen Rom. Caterinas Auftreten in Pisa ist gescheitert; zu dieser Zeit empfängt sie – in fünf durchbohrenden Lichtstrahlen – die Wundmale Christi, die auf ihren Wunsch hin unsichtbar bleiben. Nun verdichtet sich alles bei ihr auf den einzigen Ausweg, das von den Franzosen als politisches Instrument benutzte Avignon aufzuheben, das Papsttum selbst von seinem unsäglichen Schmutz zu reinigen. Seit Februar 1376 schreibt Caterina an Gregor XI. (1329–1378) Mahnungen, Warnungen, Aufrufe, Nötigungen. Sie tritt für das in Bann stehende Florenz ein (das sie zwei Jahre später ermorden will): „Man kann den Teufel nicht mit dem Beelzebub austreiben und durch Krieg keinen Frieden gewinnen. Frieden, Frieden, Frieden, liebster Vater, und keinen Krieg mehr."[11] Schließlich wird Caterina, die politisch Naive, vom listenreichen Florenz als Vermittlerin der streitenden Parteien im Juni 1376 nach Avignon gesandt, ohne dass Florenz ernsthaft an einer Befriedung gelegen war. In Avignon wird sie hingehalten, von den Nichten des Papstes gemustert, dann aber vorgelassen – Caterina spricht mit aller Glut und mit Freimut; ihr Sieneser Dialekt ist unverständlich und muss übersetzt werden. Und es geschieht das nicht Erwartbare: Der weiche, von seiner Familie und der französischen Krone gegängelte Gregor gibt dem Mädchen nach, in welchem er wohl eine Botin, untergründig an sein schlechtes Gewissen rührend, sieht. Erinnert sie ihn doch zu seinem Erstaunen und zur Glaubwürdigkeit ihrer Sendung an ein geheimes Gelöbnis, in die Hauptstadt der Christenheit zurückzukehren. Genötigt hat ihn wohl auch der Gedanke, Rom und den Kirchenstaat endgültig einzubüßen. Der Weggang ist dramatisch, im Großen wie im Kleinen: Frankreich ist eben in Friedensverhandlungen mit England und sperrt sich gegen das Verlieren einer so herausragenden Machtposition, wie es das Papsttum darstellte. Aber auch die Familie kämpft: Der alte Vater Gregors, Graf Guillaume de Beaufort, warf sich vor ihm auf den Boden, um ihn am Gehen zu hindern. Gregor schritt über ihn hinweg und zitierte den Psalm: „Es steht geschrieben, dass ihr auf die Natter treten und den Basilisken niedertreten sollt."[12] Caterina hatte den Papst waffenlos gewünscht; in ihrer erwähnten Naivität sah sie ihn mit einem Kreuz in der Hand in Rom einziehen. Der Franzose schätzte die Italiener anders ein; ein ganzes Heer von zweitausend Mann bewegte sich mit ihm vom September 1376 bis Januar 1377 durch Oberitalien. Eine lange Zeit unvergessene Schandtat vergiftet kurz nach der Ankunft des Papstes in Rom die Lage aufs Äußerste. Durch einen Befehlshaber der bretonischen Söldnertruppen, den skrupellosen Kardinal Robert von Genf, kommt es am 3. Februar 1377 zu einer maßlosen, widerwärtigen Schlächterei in Cesena, welcher etwa dreitausend Menschen zum Opfer fallen. Caterina schreibt voller brennender Trauer nach Rom: „Ach, mein Vater, wie unglücklich bin ich. Gott haben wir den Krieg erklärt! Dem Fluch des Todes sind wir verfallen. Satan besitzt offenbar die Herrschaft über die Welt. Bei solchen Kriegen und Wirren können Sie doch keine einzige ruhige Stunde haben. Ich möchte Sie bitten, Frieden zu gewähren unter jeder Bedingung, einzig mit Rücksicht auf Wahrung ihres Gewissens. Sie müssen auf friedliebende Personen hören, nicht auf Kriegshetzer, selbst wenn man den Krieg nur aus Eifer für die Gerechtigkeit führen wollte. Es ist viel besser, das Geld des weltlichen Besitzes fahren zu lassen als das Gold des geistlichen Besitzes. Frieden, Frieden um der Liebe des Gekreuzigten willen, nicht mehr Krieg! Sonst ist uns nicht zu helfen. Ich kann nicht mehr!“[13] Dennoch bleibt der politische Zustand hoch gefährdet; Florenz – als Wortführer der „Libertas“ – steht weiterhin im Bann, und Caterina vermittelt im Auftrag des Papstes weiter. Kurz vor einem sich abzeichnenden Erfolg stirbt Gregor XI. im März 1378, nicht ohne den bitteren Satz geäußert zu haben, er würde keiner weiblichen Prophetin mehr Glauben schenken. Im Juni desselben Jahres gerät Caterina in einen Aufstand in Florenz, bei welchem ein gedungener Mörder sie anfällt. Sofort vom Gedanken eines notwendigen Opfers erfüllt, ruft sie: „Stoß zu!", was den Mann voller Verwirrung fliehen lässt. Tatsächlich kommt im Juli 1378 der von Caterina selig begrüßte Friede zustande (Brief 303), der Florenz aus dem Kirchenbann löst. Unmittelbar danach verdichtet sich das Unheil endgültig.

Der neue Papst, Urban VI., ein Neapolitaner aufrichtigen, jedoch cholerisch-ungeschickten Charakters, erhält schon im August 1378 einen französischen Gegenpapst, eben jenen zynischen „Schlächter von Cesena". Königin Johanna von Neapel, die ihn zusammen mit Charles V. stützt, muss Folgendes lesen: „Aber ich kann Euch nicht mehr Mutter nennen und ehrerbietig mit Euch reden, [...] denn aus einer Dame ist eine Sklavin geworden, [...] untertan der Lüge und dem Teufel, der nicht der Vater ist."[14] Caterina eilt mit einigen ihrer „famiglia" nach Rom, um das Schisma zu schließen und den Papst in seinem vielfach übereilten Handeln zu beraten. „Arbeiten Sie mit männlicher Kraft, in der Stille und mit Maß wohlwollend und ruhigen Herzens, denn das Tun ohne Maß verwüstet mehr, als dass es ordnet. [...] Die Welt kann nicht mehr weiter. [...] Haben Sie Geduld mit mir. Denn solange ich lebe, werde ich nicht aufhören, Sie schriftlich und mündlich mit Bitten aufzustacheln, bis ich in Ihnen und der Heiligen Kirche das sehe, wonach meine Sehnsucht dürstet. Dafür möchte ich mein Leben hingeben."[15] Bereits todkrank schleppt sie sich jeden Morgen nach St. Peter zur Messe. Dabei sieht sie eines Morgens in der Vorhalle das Mosaik Giottos mit dem Kirchenschifflein, navicula, sich neigend auf ihre Schultern stürzen. Man trägt die Zusammengebrochene heim zu einem schweren Sterben. Ihr leibliches und noch mehr geistiges Martyrium für die Einheit der Kirche endet am 29. April 1380, eine tragische, unverhüllte Ergebnislosigkeit vor Augen: Das Große Abendländische Schisma spaltet und zerreißt die Christenheit, zuletzt zwischen drei Päpsten geteilt, noch bis zum Konzil von Konstanz 1417.

Siena empfing die tote Tochter im Triumph, die hochbetagte Monna Lapa stand an der Spitze des Geleitzuges. – Es blieben Caterinas Briefe, 381 erstrangige Geschichtsdokumente des 14. Jahrhunderts, an Menschen aller Stände und aller Bildungsgrade diktiert. Leider haben die späteren Kopisten aus den meisten Briefen die Alltags-Mitteilungen Caterinas entfernt, sodass ihr privates Bild darin kaum zum Ausdruck kommt, es sei denn in der eigenartigen Sprachkraft und Geradlinigkeit auch gegenüber den höchsten Potentaten.[16] Es blieb ihr Hauptwerk von 1377/78, *Libro della divina dottrina volgarmente detto dialogo della divina providenza*[17], das auch ihre inspirierten hochtheologischen Gebete enthält. Die Jungfrau und Prophetin mit der Lilie wurde zur Patronin Italiens (1933) und insbesondere Roms (1866) ernannt, von Paul VI. 1970 neben Teresa von Ávila zur Kirchenlehrerin und von Johannes Paul II. 1999 zur Mit-Patronin Europas erhoben – eine bislang in der Kirchengeschichte unvorstellbare Auszeichnung.

Caterinas geistige Kontur

Die dreiunddreißig Lebensjahre der Färberstochter fallen bereits auf den flüchtigen Blick hin durch das Abweichen von aller Norm, auch der religiösen Norm, auf. Es beginnt mit einer undeutlichen Berufung – der Vision Christi des siebenjährigen Mädchens und später mit dem Manteltraum; undeutlich bleibt, *was* eigentlich ihre Aufgabe sein könnte, da sie sich keinem

„normalen" Ordensleben anschließt. Wie es ihrer frühen Liebe zur Zurückgezogenheit, zu Gebet und Kasteiung entspricht, hätte man erwarten können, sie würde sich den Nachbarinnen, streng klausurierten Dominikanerinnen, anschließen. Stattdessen wählt sie mit siebzehn Jahren die Lebensform älterer, frommer Witwen, die zwar Gelübde ablegen, aber doch selbstständig „in der Welt" bleiben. Diese Institution ist also keineswegs für Caterina gedacht, ist sogar eher ein Kompromiss zwischen Kloster und relativer Freiheit; das Mädchen nutzt auch gerade diese Unabhängigkeit für die freie Bewegung, für das Eingreifen ins Leben – je länger je mehr gewährt man ihr überall Zutritt.

Diese „nicht-institutionalisierte" Aktivität überträgt sie unabsichtlich auch auf die sich ihr anschließenden Gefährten, Frauen wie Männer, Adelige wie Bürger (eine Mischung außerhalb der gesellschaftlichen Regeln). Diese „famiglia" beginnt ohne Auftrag, ohne Verankerung in einer Ordensregel, Caterina nachzuahmen. Drückt sich hierin die Ur-Idee eines heutigen Säkularordens aus? Eine Art charismatischer Laienbewegung? Dies würde Caterinas vorauseilende Feinfühligkeit erweisen, wird sich doch im folgenden Jahrhundert, dem schon neuzeitlichen Quattrocento, der endgültige Übergang von der Mönchs- zur Laienkultur durchsetzen. Dort wandert das Wissen von den Dom- und Kathedralschulen des Mittelalters aus zur Universität der frühen Neuzeit. Die Gestalt des „idiota", des Nichtklerikers und nicht scholastisch Gelehrten, stellt sich herausfordernd dar: Ein Menschenalter nach Caterina wird Nikolaus von Kues (1401–1464) das neue „unwissende Wissen" entwerfen, d. h. aber den neuen Typus des Laien, der im Keim die Züge des kommenden neuzeitlichen Denkens trägt.[18] Caterina greift aber nicht nur in die Zukunft aus, sie verkörpert auch eine Herkunft: eine unterschwellige, nie abgerissene Paralleltradition zur Schultheologie. Es ist jene riskante Tradition, die sich auf Eingebung Gottes, also auf das übernatürliche Belehren beruft und die verständlicherweise besonders von Frauen, aber nicht nur von ihnen zur Geltung gebracht wurde. Die große Mechthild von Magdeburg (1207–1282/1294) hat ein Jahrhundert vor Caterina diesen erregenden Vorgang, der in der Regel als Mystik bekannt ist, klassisch-klar so durch den Mund Gottes ausgesprochen:

Man vindet manigen wisen meister an der schrift,
der an im selben vor minen ougen ein tore ist.
Und ich sage dir noch me, [...]
das der ungelerte munt
die gelerte zungen von minem hiligen geiste leret.[19]

Auch Caterina ist „ungelehrter Mund“ und „idiota“ im cusanischen Sinn und dennoch, ja deswegen ist ihr Wissen treffsicher, „eingegossen, nicht erworben“, wie der Humanistenpapst Pius II. (Enea Silvio Piccolomini) zur Begründung der Heiligsprechung 1461 lakonisch sagt. Und er fügt hinzu: „Sie war mehr Lehrerin als Schülerin, sodass sie Professoren und selbst Bischöfen großer Kirchen die schwierigsten, die Gottheit betreffenden Fragen mit großer Weisheit beantwortet und dieselben so vollkommen befriedigte, dass sie, die wie Wölfe und wilde Löwen gekommen waren, wie gezähmte Lämmer von ihr gingen.“[20] Die *illitterata* kann nicht lesen und schreiben, hilft sich mit Diktieren meist mehrerer Briefe auf einmal. Wie sehr aber ist die Ungebildete eine Kennerin und Leserin des menschlichen Herzens: Sie besitzt das Charisma des durchdringenden Blickes bis auf den Grund der Seele. Vielen, die sie um Rat angingen, enthüllte sie erst die eigentliche, oft unbewusste Wurzel ihrer Verwirrungen. Hier kommt der Wissenstypus durch, der nicht Schul- und Bücherstudium vorweist, sondern Lebenskenntnis durch den Blick auf den Grund meint, durch den Rückgang auf die Untiefen der menschlichen Seele und die abgründigen Tiefen Gottes. Mit welcher Souveränität konnte sie – anders als zwei Generationen später Jeanne d'Arc – vor den Schultheologen der Dominikaner, des Inquisitionsordens, bestehen! Ida Friederike Görres kommentiert: „Bei Caterina von Siena fällt mir immer wieder die enorme Gescheitheit dieses Mädchens aus dem Volk auf, und zwar nicht nur als Mutterwitz, Intuition usw., sondern ausgesprochen als ‚Geistigkeit', unglaubliche, erstaunliche Schärfe des Verstandes, der begrifflichen Klarheit, Sauberkeit, Durchdringung und Kraft, das Analysieren der Seelenkräfte wie der Glaubenslehren und -geheimnisse – und all das mit prachtvoller, treffender Gabe des Wortes. Es ist richtig Lehre, Doktrin, was sie über die Selbstliebe, die Gottesliebe, die Freiheit des Willens, die Würde des Menschen usw. sagt, und zwar nicht nur in einzelnen blitzhellen Sätzen, wie es die kleine Therese hie und da auch tut, sondern in regelrechten Abhandlungen, die bei ihr, illiterat wie sie war, nicht Gelesenes, Gelerntes, Nachempfundenes, Weitergegebenes sind, sondern Selbstgeschautes und ursprünglich Ausgedrücktes – und das ist wirklich unerhört. Sie ist schon ‚genial', und man wüsste gerne, wie viel davon Natur und wie viel Charisma war."[21]

Zu der Gabe der Hellsicht kommt das Charisma des tiefen Trostes einer *dolcissima mamma,* wie das Volk sie rasch nannte. Und – dem Trost verwandt – das Charisma der Bekehrung: Alt-verfeindete Familien öffneten sich unter ihrem Zuspruch; ein zum Tod verurteilter junger Adeliger verlor bei Caterinas Gefängnisbesuch alle Verstocktheit und ging fast freudig mit ihr zum Sieneser Richtplatz, wo sie ihn küsste, sein Haupt hielt und es in ihren Kleidern auffing – hier war es, wo sie das Blut nicht auswaschen wollte.

Anders gelesen bedeuten die ungewöhnlichen Charismen der jungen Frau einfachhin auch Charme. Charme besaß sie in reichem Maße. Schon die *famiglia* wird statt durch deutliche Anordnungen wohl ausschließlich zusammengehalten durch die große Anziehungskraft Caterinas. Zu ihrer Faszination gehörte sicherlich auch ihr starkes Selbstbewusstsein, oder genauer: Sendungsbewusstsein. Als ihr Auftrag immer deutlicher wurde, wurde sie selbst mit dem Auftrag identisch – mit der Reform der Kirche, kreisend um die Kreuzzugsidee und die Befriedung eines selbstmörderischen Italien, aber endgültig zielend auf das Papsttum. Hier geht sie aufs Ganze, und das heißt, sie greift zunächst sich selbst an. „Die entsetzliche Kasteiung und Erniedrigung, mit denen sie sich geißelte, die bis zur Zerstörung des Körpers führende Sucht, zu entbehren und zu leiden, abtötenden Ekel gewissermaßen sich einzuverleiben, sind nur zu verstehen als Antwort an die Zeit, als Versuch, der Last ihrer Laster ein Gewicht entgegenzuwerfen. ‚Von neuem opfere dein Leben!‘ Das war der Auftrag der ewigen Liebe an sie. Und: ‚Sogar wenn der Papst der verkörperte Teufel wäre, darf ich nicht das Haupt gegen ihn erheben‘, das war ihr Glaube, entschied ihre Haltung gegenüber dem Hofe von Avignon.“[22]

Skrupel oder Anfechtungen bei diesem Auftrag sind an ihr nicht sichtbar, auch nicht Skrupel über sich selbst, wie sie aus mancher religiösen Biografie hervorstechen, obwohl sie das durchdringende Empfinden ihrer Sündhaftigkeit – im Licht des Sündelosen – immer betont. „Du, der Arzt, warst von meiner Krankheit nicht abgestoßen. Du, die ewige Reinheit, hast meine vielen Leiden nicht verachtet. Du, der Grenzenlose, hast darüber hinweggesehen, dass ich begrenzt bin."[23] Zugleich sucht sie das Selbstbewusstsein anderer zu stärken, sie mit dem Auftrag Gottes ebenso identisch werden zu lassen. An den grausamen, gefürchteten Barnabo Visconti, Herzog von Mailand, diktiert sie: „Ich fordere Sie auf, nichts mehr gegen den Papst zu unternehmen. Mischen Sie sich nicht weiter in seine Angelegenheiten, sondern regieren Sie Ihren Staat in Frieden und Gerechtigkeit. [...] Keine Herrschaft, die wir in dieser Welt besitzen, gibt uns das Recht, uns als Herrscher zu betrachten. Was ist denn das für eine Herrschaft, die mir entrissen werden kann und nicht von meinem freien Willen abhängt? Ich glaube, man sollte niemand den Titel Herrscher geben oder ihn dafür halten, sondern ihn vielmehr Verwalter nennen."[24] Oder an den englischen Condottiere John Hawkwood (Giovanni Aguto), der seine blutigen Dienste dem Meistbietenden verkaufte und das Gemetzel in Cesena mitinszeniert hatte: „Wäre es wirklich eine so große Tat, wenn Sie bei sich Einkehr halten und überlegen würden, wie viel Mühe und Strapazen Sie im Dienst und im Sold des Teufels auf sich genommen haben? Meine Seele wünscht, Sie möchten umkehren zum Sold und zum Kreuze Christi, Sie und alle Ihre Söldner und Genossen, und so zur Kompanie Christi werden, die gegen die ungläubigen Hunde im Heiligen Lande zieht. [...] Ist es nicht gräulich, dass wir, die wir doch Christen, Glieder an dem Leibe der Heiligen Kirche sind, uns angreifen und gegenseitig zu Boden schlagen?"[25] Bei dieser kühnen Sprache kann eine Bemerkung heute im Halse steckenbleiben: Die „ungläubigen Hunde“ stehen unabgeschwächt als Gegner fest. Neben diesem zeitbedingten Blick gehört zur „ganzen“ Caterina aber auch folgende großempfundene Vision: „Während das Feuer des heiligen Verlangens in mir zunahm, gewahrte ich schauend das christliche Volk und das ungläubige in die Seite des gekreuzigten Jesus eingehen, und ich trat aus Sehnsucht und Liebenswunsch mitten unter sie und mit ihnen in Christus, den liebsten Jesus ein. [...] Dann gab er mir das Kreuz auf die Schultern und den Ölzweig in die Hand, wie wenn er wollte – und so sagte er auch –, dass ich sie dem einen und dem anderen Volk reiche.“[26]

Caterinas Identität, oder zutreffender: ihre Identität mit dem Willen Gottes bringt sie überhaupt in die Öffentlichkeit. „Gott will es, und ich will es“, so leitet sie mehrfach ihre Briefe ein, in denen sie die Reform am Haupt, dann an den Gliedern der Kirche entwickelt. In einigen herben Adressen an Gregor XI. stellt sie ihm die Macht vor, die er mit seiner Stellung erhielt – wolle er sie nicht wahrnehmen, so müsse er sie zurückgeben. Wieder riecht sie das Unheil seiner Umgebung, schon im Voraus „bis nach Siena“, wie sie sagte. „Da wandte sich der Papst an Caterina und fragte: Wie willst du nach ein paar Tagen schon die Zustände am Hofe beurteilen? Da richtete sie sich unversehens hoch auf und erwiderte mit fester Stimme: Ich bekenne furchtlos, da es um die Ehre des allmächtigen Gottes geht, dass die Sünden des päpstlichen Hofes bis nach Siena stinken, von wo ich herkomme, und mir dort noch mehr Ekel einjagen als den Leuten hier, die sich damit besudelt haben und sich noch jeden Tag besudeln.“[27] Raimund von Capua wand sich vor Verlegenheit beim Übersetzen, wie er selbst bekannte.

Caterinas erste Vision war Christus in den weißen päpstlichen Gewändern gewesen; von daher stammt ihr Maßstab und ihre Unerbittlichkeit gegenüber dem Stellvertreter. „Ich wünschte in Ihnen einen Fruchtbaum zu sehen, voll von süßen und reifen Früchten, gepflanzt auf dem fruchtbaren Boden der Selbsterkenntnis. [...] Wer in sich selbst vernarrt ist und sich nicht mehr um Gottes willen und in Gott liebt, kann nur noch das Böse tun. Denn das Gute in ihm ist erstorben. Er ist wie eine Frau mit Totgeburten. Ist ein solcher Mensch über andere gesetzt, so tut er Schlechtes, denn wegen seiner Eigenliebe und Menschenfurcht, der er ja gerade wegen seiner Selbstsucht verfallen ist, erstirbt in ihm die heilige Gerechtigkeit: Er sieht seine Untergebenen sündigen und tadelt sie doch nicht und gibt sich den Anschein, nichts zu sehen. [...] Er ist immer besorgt, nicht Anstoß zu erregen und Widerstand heraufzubeschwören. Und warum? Weil er sich selber sucht. Alles friedlich vertuschen zu wollen ist grausamer als alles andere. [...] Ich sage Ihnen im Auftrag des Gekreuzigten: Drei Dinge vor allem müssen Sie mit Ihrer Gewalt vollbringen. Zunächst sollen Sie im Garten der Heiligen Kirche, dessen Hüter Sie sind, die stinkenden Blumen ausrotten, die voll Schmutz und Gier und von Stolz aufgebläht sind. Das sind die schlechten Hirten und Hüter, die diesen Garten verpesten und ihn verfallen lassen. [...] Aber bedenken Sie, dass Sie das schwerlich vollbringen können, wenn Sie nicht die zwei anderen Bedingungen vorher erfüllen: Ihre Rückkehr und die Entrollung der Kreuzzugsfahne. Ich sage Ihnen, kommen Sie, kommen Sie, warten Sie nicht auf die Zeit! Denn die Zeit wartet nicht auf Sie. [...] Jetzt heißt es nicht weiterschlafen, sondern aufwachen und kühn beginnen. [...] Enttäuschen Sie mich nicht, sonst müsste ich bei dem Gekreuzigten Berufung einlegen, dem Einzigen, der noch bleibt; auf Erden haben Sie ja niemanden über sich."[28]

Caterina hält alles Irreguläre ihres Lebensstiles und einzigartigen Auftrages durch kraft der Überzeugung, unmittelbar von Gott ergriffen zu sein. Dies ist die von ihr ausstrahlende Stärke. Ihre drängenden, ja vorwurfsvollen Adressen nach Avignon entspringen dem Willen Gottes, mit dem sie eins ist und mit dem der Papst gleichermaßen eins zu werden habe. Bestätigt wird Caterina durch ihre mystische Vermählung und die nur ihr offenbare Stigmatisation. Sie wirkt *nur* aus diesem Bezug nach Oben. Innen und Oben sind bei ihr in einem unendlichen, stärkenden Zwiegespräch. Das macht sie furchtlos, dabei liebenswürdig und klar. Die Beweggründe, in kirchliche und weltliche Politik einzugreifen, sind ausschließlich religiöser Natur; naiv, aber wegen ihrer Naivität im Chor der Diplomatie so ungewöhnlich, erhebt sie ihre Stimme. Freilich zermürbt sie am Ende ihres Lebens, mit den dreiunddreißig Jahren des Vollalters Christi, die Vergeblichkeit ihres Tuns: Das auf ihre Schultern fallende Kirchenschiff tötet sie. Ihr schweres Sterben hat den Charakter eines Martyriums, jenes Blutopfers, von dem sie in ihrem letzten Brief gesprochen hatte: „So auf dem Boden liegend dachte ich, meine Seele verlasse den Leib, aber nicht in der Art, wie es in jener frühen Zeit geschah, als ich die Wonne der Seligen fühlte und mich mit ihnen des allmächtigen Gottes erfreute. Jetzt war ich voller Angst und Pein wegen meiner schmerzlichen Sehnsucht, die von Neuem vor dem Antlitz Gottes aufgebrochen war, und ich war Gott auf eine ganz neue Art gegenwärtig, als ob Gedächtnis, Verstand und Wille nichts mehr mit meinem Körper zu tun hätten. Und so leuchtend spiegelte sich in mir jene Wahrheit, dass in abgründiger Tiefe die Geheimnisse der Heiligen Kirche sich wiederholten und all die empfangenen Gnaden meines Lebens und der Tag meiner Vermählung mit Gott wieder ganz lebendig wurden. Alles das entschwand dann wieder wegen des wachsenden Feuers, und mein Verlangen entflammte sich mehr und mehr. Ich schrie: Ewiger Gott, nimm das Opfer meines Lebens für den mystischen Leib der Heiligen Kirche. Ich habe nichts anderes zu geben, als was Du selbst mir gegeben hast. Nimm mein Herz und drücke es auf das Antlitz dieser Braut. Da wandte Gott das Auge seiner Gnade, riss mein Herz heraus und presste es der Heiligen Kirche ein."[29]

Der „theologische Ort" Caterinas und ihre heutige Aussagekraft

Als Caterina einmal Zweifel an ihrer Durchsetzungskraft kamen, rief sie aus: „Herr, wie könnte ich so handeln, wie Du mir gesagt hast, [...] denn mein Geschlecht ist für mich ein Hindernis, das du wohl kennst." Da habe der Herr geantwortet: „Mit der Gnade meines Geistes beschenke ich, wen ich will; es gibt nicht Mann oder Frau, nicht Gemeine oder Adlige, denn alle sind vor mir gleich."[30]

Dieses Zitat ist nur vordergründig modisch. Vielmehr führt es mit Genauigkeit an den „theologischen Ort", an den Caterina gehört. Es ist der „Brunnenraum" der Kirche, eine Art Grundgeschoß, der das Grundwasser speichert und aus dem der Kirche beständig Leben nachquillt. Dieser tiefste und zugleich der Mitte zugehörige Raum ist das eigentlich Mütterliche an der Kirche, in dem alle Kinder, Schaf und Herde sind –

noch vor aller hierarchischen Stufung, die die Hirten sondert. Es ist der Raum der unbedingten Gleichheit, nicht der eingeklagten, sondern der den Kindern zustehenden Gleichheit kraft der Geburt aus Geist und Wasser durch dieselbe Mutter.[31] Caterina hat aus der Dignität dieser fundamentalen Kindschaft heraus die Hierarchie ermahnt, unbeschadet aller sonstigen Aufgaben und Ordnungen des kirchlichen Organismus. Dies ist nicht Anmaßung, es ist Einsicht in die erste und letzte Bestimmung der Kirche: allen geöffnet zu sein, als eine Verwalterin des Blutes, das allen zugedacht ist. Die Stände in ihr, Laien oder Klerus, sind Berufungsunterschiede, nicht Gnadenunterschiede, denn die Hauptaufgabe bleibt dieselbe: sich der Gnade, dem Blutstrom auszusetzen. Gerade die fehlende Offenheit der Kirche, als Organismus, in dem das Blut Christi nicht mehr kreisen konnte, brachte Caterina zum Handeln.

Diese Kirchenlehrerin lebt aus der nicht selbstbewussten, sondern selbstvergessenen Kindschaft, mit der sie die anderen Kinder derselben Mutter anspricht. Vielleicht ließe sich sagen: Caterina entspringt dem Ort, wo die Kirche einfach und im tiefsten Sinne Mutter ist. Dem Ort, wo alle ihre weiblichen Symbole wurzeln: Schiff, Arche, Haus, Baum – wo vor aller Differenz das Gehören zum Einen, Gemeinsamen gelebt wird. Sendung also aus nichts anderem als der Taufe heraus, *vor* allem *ordo* und ihn begründend. Dies ist auch der Ort, an dem einer für den anderen stehen kann: Stellvertretung aller Wiedergeborenen füreinander – wie auch der Herr „die Frucht des Blutes“ gleichmäßig allen zudachte. In Caterinas *Buch von Gottes Vorsehung*, das von Bildern überquillt, gibt sie eine Kontur der Kirche und ihres Hauptes, die um diese Mitte der Hingabe, der Stellvertretung, des Austausches, der Ergänzung kreist.

Dieses Buch ist mehrfach gesehen erstaunlich. Die Ungebildete entwirft ohne theologische Schulung eine deutlich selbstständige Theologie, die doch gänzlich in der Orthodoxie bleibt. Das Grundmuster: Caterina fragt, Gott antwortet. Dabei sind die eindringlichen Fragen nicht angelesen, und die Antworten Gottes fallen ungewöhnlich und leidenschaftlich aus. Kraftvoll, im sienesischen Idiom, findet Caterina Worte über Gott, die ungeglättet wirken, wie „pazzo d'amore", „ein Narr der Liebe". Mehr als das: Die Themen des Buches sind voller Eigenheiten, für die es bis dahin kein Beispiel gibt, und sie sind mit dem Geheimnis des innersten Raumes der Kirche beschäftigt.

Darin wirkt einmal der eigentümliche Charakter der göttlichen Liebe. Sie ist ohne alle Vorleistungen gegeben, überströmend und ohne Berechnung. Das Haupt also ist es, von dem alle Kraft, und zwar im Übermaß, ausgeht – der Vergleich mit dem flutenden Meer drängt sich oft auf. „In Wahrheit, dieses Licht ist ein Meer – denn die Seele schwelgt in Dir, ewige Dreieinigkeit, Meer des Friedens. Das Wasser dieses Meeres ist nicht trübe; es ängstigt die Seele nicht, denn sie kennt die Wahrheit. Es ist eine Tiefe, die süße Geheimnisse offenbart, sodass die Seele, wo das Licht Deines Glaubens im Überfluss vorhanden ist, ihres Glaubens gewiss bleibt."[32] Dieses Übermaß erweckt auch eine besondere Art der menschlichen Liebe: Diese muss ebenfalls dem anderen mehr tun als erwartet; grundlos und antwortlos muss sie ihm zuvorkommen, als ein Echo der überwältigenden Erstliebe Gottes, Fortsetzung seiner Dynamik, die sich einzig aus ihm speist, deswegen keine Bestätigung braucht. Alle Beziehungen erhalten so den Charakter eines Geschenks, das aber nicht auf die Gegengabe aus ist. Gerade die „Nutzlosigkeit" des Schenkens holt eigentümlich Gottes

Vorbild ein; gerade das Vergebliche nähert sich ihm. So geht die Antwort auf Gott unmittelbar an den Nächsten, nicht unmittelbar zurück. Kirche: Dynamik des Hauptes in seinen Gliedern, durch die Glieder weitergegeben; ihr Grundcharakter ist Überfluss.

Ein Zweites: Caterina bildet eine Theologie des Blutes aus, wohl das dichteste Sinnbild der Nähe und des Verströmens Gottes. Blut hat verschiedene Eigenschaften, die sich zu dem einen Wirkstoff der Gnade verbinden: Es nährt, es reinigt im Waschen, es berauscht. Und etwas gänzlich Caterina Eigentümliches: Blut wärmt, es erhellt, ja es ist selbst Feuer und Licht. Die Kirche wird ihr zur „Braut auf dem Bett von Blut und Feuer". Caterina vereint damit – nicht angelesen, sondern empfunden – die schwere Stofflichkeit des Blutes mit dem geistigsten Element: Blut wird auf Flamme durchsichtig. Oder auch: Das Leiden wird auf Verklärung durchsichtig. Caterina kennt keine Leibfeindlichkeit, im Gegenteil: Erlösung beginnt in Fleisch und Blut, genau wie Jesus in Fleisch und Blut gemartert wurde. Und die Kirche isst und trinkt in ihren Feiern diesen bis aufs Blut geöffneten Leib. Sie selbst ist Leib, der in jedem seiner Glieder ergriffen, gefordert, in der Erlösung ausgepresst wird, bis er der göttlichen Liebe ein offenes Haus bietet. Und Blut ist – nochmals – der Wirkstoff, der alle gleichermaßen erreicht, alle eins sein lässt, alle im selben Rhythmus durchpulst.

Von Caterinas Sinnlichkeit war schon die Rede. Vielleicht müsste man hier das Gesagte noch tiefer fassen: dass bei ihr Sinnlichkeit unmittelbar das Unsinnlichste ausdrückt, dass die Natur auch sofort Gnade meint. Ob das Caterinas weibliche Mitgift ist? In der Kulturgeschichte steht die Frau für die Nähe zum Unmittelbaren, zur Intuition, zur religiösen „Witterung" über die Sinne, besonders auch über die Synästhesie, also die Verschmelzung der sonst fünffach gesonderten Sinneserkenntnisse. Eine solche „versinnlichte Transzendenz“, besonders übrigens in einer feinen Duftempfindung bei geistigen Vorgängen, hat vielfach die Schriften von Frauen der mystischen Tradition durchzogen – nochmals sei an Mechthild von Magdeburg erinnert.[33]

Caterina stammt offenbar aus demselben „Material“. Ebenso offenbar hat sie dieses Material, ihren Leib, auch gezähmt, freilich ohne an Leidenschaft und „Blut“ zu verlieren. Ihre Ursprünglichkeit lässt sie den Ursprungsraum der Kirche wiederentdecken, dort, wo alle im selben (Über)Maße gewaschen, gespeist, getränkt, gerichtet, an ihren Sünden zerstört und wieder an das strömende Leben angeschlossen werden. Kirche ist kein Automatismus und keine Magie; man muss ihre Heilungen mit vollem, heftigem Einsatz suchen – etwa wie ein Todkranker den Arzt sucht. Wird das nicht geleistet, so nimmt die Kraft des Zerfalls überhand, und das nicht minder heftig. „Weißt du, was die Nachtzeit ist? Die dunkle Nacht der Todsünde ist es, wenn die Seele des Gnadenlichtes beraubt ist. In dieser Nacht fängt sie rein gar nichts, denn sie wirft ihre Liebe nicht ins lebendige Meer aus, sondern ins tote, wo nur Schuld ist, also nichts. Umsonst plagen sie sich ab in großen, unerträglichen Qualen ohne jeglichen Nutzen; wahrlich, solche machen sich zu Märtyrern des Teufels, nicht aber des gekreuzigten Christus.“[34] Hier scheint Caterinas Vertrautheit mit den erlebten Gemeinheiten auf und ebenso ihr drängendes Festhalten an der Heilung durch die Verwalter des Heils.

Siebenhundert Jahre nach Caterina ist die Kirche – trotz aller Änderungen gegenüber dem fast tödlich infizierten 14. Jahrhundert – auch nicht einfachhin transparent auf ihren Ursprungsraum, den Raum des lebendigen Blutes, des tragenden Meeres. Andere Verwirrungen als die spätmittelalterlichen hindern das Leben des Organismus, verdunkeln den Willen des Hauptes. Caterinas Leben und Theologie wirken aber wie ein Schacht, der zurück in den Brunnenraum führt, quer durch die Verschüttungen menschlicher und kirchlicher Eitelkeit hindurch. Dort klären sich alle Ämter, auch das höchste, zum Dienst am strömenden Blut. Caterinas Gültigkeit: den gleichen Adel aller in der Kirche, den gleichen Anteil am Lebensüberschuss ihres Hauptes, die gleiche nicht demütigende, sondern freie Kindschaft aller begriffen zu haben. Hoch realistisch aber: eine Kindschaft, die sich nährt von Fleisch, von Blut, von Atem und Liebe des *pazzo d'amore*, zu dessen Narrheit auch das Sich-Austeilen-Lassen durch die Kirche gehört.

Diese Kindschaft nährt sich vom Gesamtleib, nimmt daraus Kraft und gibt sie zurück. Aus der Nahrung stammt das jedem entsprechende, ganz eigene Maß des Zurückgebens, und je mehr erstattet wird, desto mehr wird gekräftigt: „Alle habe ich euch in den Weinberg des Gehorsams geschickt, um auf verschiedene Art darin zu arbeiten. Jedem wird der Lohn nach dem Maß seiner Liebe entrichtet und nicht nach dem geleisteten Werk und der aufgewendeten Zeit. [...] Nach der Liebe ihres Gehorsams empfängt die Seele ihren Lohn und füllt ihr Gefäß in Mir, dem friedvollen Meer."[35]

1 Barbara Tuchman, Der ferne Spiegel. Das dramatische 14. Jahrhundert, München [5]1985, 101 und 99.
2 Secretum/De contemptu mundi (Gespräche über die Weltverachtung, dt. von H. Hefele, Jena 1910/Berlin 1913); hier zitiert nach Rudolf Schottlaender, Einleitung in: Francesco Petrarca, Heilmittel gegen Glück und Unglück (De remediis utriusque fortunae), München 1988, 30f.
3 Vgl. Kap. XI „Das Bild des Todes" bei Johan Huizinga, Herbst des Mittelalters. Studien über Lebens- und Geistesformen des 14. und 15. Jahrhunderts in Frankreich und in den Niederlanden (1941), Stuttgart 1987. Huizinga gibt die wohl eindrucksvollste Darstellung des spätmittelalterlichen Lebensgefühls, seiner Erregung und Überästhetik, schließlich seines Niedergangs vor der aufdämmernden Renaissance.
4 Francesco Petrarca, Dichtung und Prosa, Berlin 1968, 421f. (Seniles X, 2; Brief an Guido Scetten in Genua vom Herbst 1367): „Italien und ein großer Teil von Deutschland wurde zugleich erschüttert, so heftig, dass mancher Unerfahrene glaubte, das Ende der Welt sei gekommen [...] Allen stand Leichenblässe im Gesicht. Im nächstfolgenden Jahre bebte Rom, sodass Türme und Kirchen zusammenstürzten. Zur gleichen Zeit bebten ganze Teile der Toskana [...] Sieben Jahre darauf bebten Niederdeutschland und das ganze Rheintal, und bei diesem Erdbeben stürzte Basel zusammen."
5 Reinhold Schneider, Pfeiler im Strom, Wiesbaden 1958, 194f.
6 Canzoniere 136, zit. nach R. Schottlaender, a. a. O., 16. Vgl. Canzoniere 137 und 138.
7 Purgatorio VIII, 94–101.
8 Francesco Petrarca, Dichtung und Prosa, a. a. O. 396 (Variae 3; Brief an Papst Urban V.).
9 B. Tuchman, Der ferne Spiegel, 115–118.
10 R. Schneider, Pfeiler im Strom, 194.
11 Brief 218.
12 B. Tuchman, Der ferne Spiegel, 294.
13 Zitiert nach: Werner Pleister, Caterina von Siena, in: Exempla historica Bd. 25, Humanismus, Renaissance und Reformation, Frankfurt 1983, 31.
14 Brief 317.
15 Brief 20.
16 Die vollständige italienische Ausgabe lautet: S. Caterina da Siena, Epistolario. Introduzione e note a cura di D. Umberto Meattini, Roma [3]1979. – Auswahlausgabe (ein wenig aus dem „Libro", das meiste aus dem „Epistolario"): Caterina von Siena, Gotteserfahrung und Weg in die Welt, hg., eingel. u. übers. v. Louise Gnädinger, Olten/Freiburg 1980; auch u. d. T.: Caterina von Siena, Gottes Vorsehung, hg. v. Louise Gnädinger, München (serie piper 527) 1989. Adressaten des „Epistolario" sind Päpste, Kardinäle, Bischöfe, der hohe und niedere Klerus, Könige und Königinnen, Herzoge, Condottie-

ri, Damen der hohen Aristokratie, Mantellatinnen-Mitschwestern, Familienangehörige, Handwerker, Künstler, Ärzte und Juristen, Scholaren und Leute aus dem Volk.

17 Dt.: Caterina von Siena, Gespräch von Gottes Vorsehung. Eingeleitet von E. Sommer-von Seckendorff und H. U. von Balthasar, Einsiedeln 1964.

18 Vgl. Hanna-Barbara Gerl, Einführung in die Philosophie der Renaissance, Darmstadt 1989, bes. die Einleitung.

19 Zitiert nach Marianne Heimbach, „Der ungelehrte Mund" als Autorität. Mystische Erfahrung als Quelle kirchlich-prophetischer Rede im Werk Mechthilds von Magdeburg, Stuttgart/Bad Cannstatt 1989, 168.

20 W. Pleister, Caterina von Siena, 18. Das Brevier vom 30. April wiederholt den zentralen Satz: „Doctrina eius infusa, non acquisita fuit." („Ihre Lehre wurde eingegossen, sie ward nicht erworben.")

21 Nocturnen. Tagebuch und Aufzeichnungen, Frankfurt 1949, 173f.

22 R. Schneider, Pfeiler im Strom, 200.

23 Gebet, in: Lisa Sergio (Hg.), Sei du mit mir. Frauengebete, Frankfurt 1985, 24.

24 T. M. Käppeli (Hg.), Briefe der hl. Caterina von Siena, Oldenburg 1931, 183.

25 Caterina von Siena, Politische Briefe. Übers. u. eingel. v. F. Strobel, Einsiedeln 1944, 108.

26 Brief 219; in: Caterina von Siena, Gotteserfahrung und Weg in die Welt, 157.

27 Raimund von Capua, in: W. Pleister, Caterina von Siena, 32.

28 Caterina von Siena, Politische Briefe, hg. v. F. Strobel, 43ff.

29 Ebd., 198ff. (Brief an Raimund von Capua).

30 Zitiert nach R. W. Howard, Should Women Be Priests?, Oxford 1949, 20.

31 Zum „gynäkologischen" Verständnis der Taufe siehe H.-B. Gerl, Die bekannte Unbekannte. Frauen-Bilder in der Kultur- und Geistesgeschichte, Mainz [3]1993, Kap. III.

32 Gebet, in: L. Sergio (Hg.): Sei Du mit mir, 24.

33 Vgl. Margot Schmidt, Versinnlichte Transzendenz bei Mechthild von Magdeburg, in: Dietrich Schmidtke (Hg.), „Minnichliu gotes erkenntnusse". Studien zur frühen abendländischen Mystiktradition, Stuttgart/Bad Cannstatt 1990, 61–88. Dort werden in der Duft- und Brautsymbolik Mechthilds, aber auch der Väter (z. B. Ephräms des Syrers oder Bernhards von Clairvaux), unmittelbare Verwandtschaften zu Caterina sichtbar.

34 Caterina von Siena, Gottes Vorsehung, 146.

35 Caterina von Siena, Gottes Vorsehung, 165.

VI. Die Erfahrung des Abgründigen

Annette von Droste-Hülshoff (1797–1848)

Ihr starrt dem Dichter ins Gesicht,
Verwundert, dass er Rosen bricht
Von Disteln, aus dem Quell der Augen
Korall und Perle weiß zu saugen;
[...]

Wisst nicht, dass ihn, Verdammten gleich,
Nur rinnend Feuer kann ernähren,
Nur der durchstürmten Wolke Reich
Den Lebensodem kann gewähren;
Dass, wo das Haupt ihr sinnend hängt,
Sich blutig ihm die Träne drängt,
Nur in des schärfsten Dornes Spalten
Sich seine Blume kann entfalten.

Meint ihr, das Wetter zünde nicht?
Meint ihr, der Sturm erschüttre nicht?
Meint ihr, die Träne brenne nicht?
Meint ihr, die Dornen stechen nicht?
Ja, eine Lamp hat er entfacht,
Die nur das Mark ihm sieden macht;
Ja, Perlen fischt er und Juwele,
Die kosten nichts – als seine Seele.[1]

Wie das Fräulein von Droste die ihr verliehene Gabe des Dichtens beschreibt, ist es in der Literatur zuvor noch nie geschehen: als Aufgabe einer Verdammten, die in langem Quälen ihr Leben darangibt für das, was sie sieht. Dies scheint eine sonderbare Feststellung für eine Dame der gehobenen Gesellschaft des 19. Jahrhunderts, deren Leben ohne äußere Stürme verläuft, ja im Gegenteil überaus behütet ist von angestammter Sitte und Konvention. Aber in der Droste tritt unerwartet und für die Familie erschreckend eine Aussage auf, ein Erleben des Wirklichen, das sich zu dem genormten friedlichen Dasein eines Landedelfräuleins nicht reimte, zur biedermeierlich-nazarenischen Umwelt.

Anna Elisabeth aus dem westfälischen Uradels-Geschlecht der Droste (= Truchsesse des Münsteraner Domkapitels) wurde auf Hülshoff, einem Rittergut nahe bei Münster, geboren am 10. Januar 1797, ein kümmerliches Acht-Monatskind, das sein Überleben der Amme Maria Katharina Plettendorf verdankte.

Ein Würmchen, saugend kümmerlich
An Zucker und Kamillen,
Statt Nägel nur ein Häutchen lind,
Däumlein wie Vogelsporen,
Und jeder sagte: „Armes Kind!
Es ist zu früh geboren.“[2]

Die Droste hat die Umstände ihrer Geburt als symbolisch empfunden: zu früh geboren auch in ihrer unverstandenen Dichtung, mit der sie erst nach hundert Jahren verstanden zu werden glaubte; zudem nicht vom Frühling, sondern vom Winter empfangen, von Kälte, abweisender Düsterkeit:

Mir ward ein schlimmrer Mond zuteil,
Um den kein Vogel je gesungen,
Nur Eiseszapfen blank und steil
Das kalte Diadem geschlungen;
Ach, anders wirken Schnee und Eis,
Und anders wohl der Sonnen Güte!
Ich steh, ein düstres Tannenreis,
Du, eine zarte Veilchenblüte.[3]

Das Kind wuchs mit der geliebten älteren Schwester Jenny und zwei Brüdern auf dem Wasserschloss Hülshoff auf, umgeben von Heide und Moorlandschaft. Immer besaß die Droste eine Affinität zum Wasser, zum stehenden Teich und zum Fluss, aber auch zu kargen, einsamen, stillen Landschaften.

Zu ihrer kindlichen Mitgift gehört die Verwurzelung in der Familie, welche in den langen Reihen von Portraits der Vorfahren im Speisezimmer immer präsent ist; sodann die Wesensverwandtschaft mit dem Vater Clemens August, einem Botaniker und Mineralogen, der über das zweite Gesicht verfügt haben soll – die Droste selbst hat sich einmal angeblich in einer geisterhaften Spiegelung durch den Kreis der Mägde gehen sehen. Vom Vater lernt die Tochter das Umgehen mit Flora und Fauna, mit Steinen; er fördert ihre „erdhafte“ Neigung. Gesagt wird auch, sie sei wie der Vater traumsichtig gewesen mit ihren großen „überblauen Augen“, die Levin Schücking als so seltsam sogar durch die geschlossenen Lider leuchtend beschrieb.

Von der Mutter Therese von Haxthausen kommt eine nüchterne Klugheit, das Hellwache im Gegensatz zum Träumerischen; es war diese Wachheit, die Annette zum Eigenstudium der Naturwissenschaften (Chemie, Physik, Elektrizität, Mesmerismus) ihrer Zeit befähigte. Die Erziehung in den alten Sprachen, in Französisch, Mathematik, Naturkunde und in ausgiebigem musikalischen Unterricht war fundiert. In Annettes Verwandtenkreis waren begabte Musiker; sie selbst ist eine der wenigen weiblichen Komponistinnen und war zu langen Improvisationen fähig. Gerade das Wache, dem Tag Zugewandte lag aber während ihres Lebens im Widerstreit mit dem Traumdasein, das sie bedrängte.

Diese natürlich-übernatürlichen Gaben waren in eine zarte, kränkliche Natur eingelassen. Schon als Kind litt die Droste an einer Augenschwäche, an quälenden Katarrhen, später an Schwindsucht und Lungenkrankheit. Aber auch das Können setzt früh ein: Das siebenjährige Kind verfasst kleine Reimereien, die die Mutter sammelt. Erstaunlich ist die ungewöhnlich bewusste Neigung zur Sprache und der kindliche Wunsch nach dichterischer Geltung; eines dieser stammelnden Gedichte versteckt sie im Gebälk des (ihr verbotenen) Turmes für die Nachwelt und schreibt drei Jahre vor ihrem Tod:

Mir sagt ein Ahnden leise,
Es sei, gepflegt und glatt,
von meinem Lorbeerreise
Das arme erste Blatt.[4]

Festzuhalten ist, dass die Droste späterhin für ihr Schaffen keinen literarischen Ratgeber fand, der ihr adäquat gewesen wäre: Die Münsteraner Freunde Anton Matthias Sprickmann und Bernhard Schlüter waren ihr nützlich, erkannten aber nicht ihr unerwartetes Genie; dasselbe gilt für Levin Schücking. So bleibt die Droste Autodidaktin; Schiller steht am Beginn ihrer

Epik und der Dramen, die Romantiker am Beginn der Lyrik. Für ihre äußere und innere Entwicklung ist eine „Jugendkatastrophe" um 1819/20 wichtig: die Demütigung ihrer ersten, tastenden Liebe, die eine noch unsichere Tändelei gewesen war, durch eine gezielte Indiskretion vor dem gesamten Verwandtenkreis, was ihre innere Einsamkeit ein für allemal grundlegt. Gegen Ende ihres Lebens (ab 1837–1842) geschieht ihr jedoch das Unerwartete der „großen Liebe" zu dem um siebzehn Jahre jüngeren Freund und „Sohn" Levin Schücking, die von dem Ausbruch der endgültig genialen Gedichte begleitet ist und naturgemäß mit einer großen Enttäuschung endet, mit der Heirat Schückings. Zwei Jahre vor ihrem Tod bereits matt und krank, verstummt die Droste auch als Dichterin und stirbt am 24. Mai 1848 allein in Meersburg, nachdem sie ab 1843 bereits „berühmt" war durch die meisterhafte Novelle *Die Judenbuche,* mit deren Bezahlung sie das Meersburger „Fürstenhäuschen" erstand.

Diese äußere Fassung des Lebens der Droste gibt manche sichtbaren Anhaltspunkte eines unglaublichen, verborgenen inneren Lebens zu erkennen: ihre Naturverbundenheit, ihre Fähigkeit zu feinster Empfindung bis zu einer von der Krankheit herrührenden Überempfindlichkeit; die Wahrnehmung des Übersinnlichen; die für kaum Wahrnehmbares, ja Abseitiges resonante Einsamkeit.

Doch vollziehen sich in der Droste mehr als nur psychologische Reflexe und leicht entzifferbare Gemütsspiegelungen. In ihr kommt etwas zum Durchbruch, jäh und unerwartet in der deutschen Literatur, was über alles subjektiv Erklärliche hinausgeht. Wenn das griechische Wort *mousa,* das die Inspiration des Dichters meint, die beiden deutschen Bedeutungen „Muse" und „Müssen“ vereint, so trifft das in ausgezeichnetem Maße für die Droste zu: Sie muss mit Notwendigkeit von etwas sprechen, was über ihre einzelne Psyche hinausgreift. Die Muse zwingt zum Erinnern, und dieses Erinnern gilt für alle. Erinnerung woran?

Zerreißende Spannung

Das 16-jährige Mädchen dichtet im März 1813 das Dramenfragment *Berta*, worin zum ersten Mal eine Selbsterfahrung ausgesprochen wird. Benannt wird eine Besonderung, welche bereits als Trennung von den Geschwistern und gleichaltrigen Freunden empfunden wird, ausgesprochen in Bildern wie „schwarze Kluft“, „erstorbne[r] Sinn“, „dies kalte Herz“, „eis'ge Wand“[5]. Hier wächst eine Verlassenheit, die zugleich nur im Traum, also in der Innerlichkeit, Genüge findet, in der Abkehr vom bunten Außen:

Bei deinem farbigen Gewebe kann
Ich keine Ruhe finden.[6]

Ein Begleitphänomen ist das Empfinden, unweiblich zu sein, zu ehrgeizig für eine Frau, ein Adler da, wo sie am Boden bleiben sollte.

Zu männlich ist dein Geist, strebt viel zu hoch
Hinauf, wo dir kein Weiberauge folgt;
Das ists, was ängstlich dir den Busen engt
Und dir die jugendliche Wange bleicht.
Wenn Weiber über ihre Sphäre steigen,
Entfliehn sie ihrem eignen bessern Selbst;

Sie möchten aufwärts sich zur Sonne schwingen
Und mit dem Aar durch duft'ge Wolken dringen
Und stehn allein im nebelichten Tal.[7]

Hier bleibt die unbezwungene Zweiheit „männlich – weiblich" offen, unterlegt durch die Bilder „aufwärts zur Sonne als Adler" – „nebelichtes Tal". Dieselbe Spaltung erschien bereits in einem Gedicht vom Februar 1816, das den treffenden Titel *Unruhe* trägt: Beim Lagern am Strand eines sonnenüberglänzten Meeres entsteht der brennende Wunsch nach einem Fortrasen ins Unendliche, der aber gleich darauf gedämpft, ja gelöscht wird durch die Bescheidung auf die Erde, das kleine Glück.

O, ich möchte wie ein Vogel fliehen,
Mit den hellen Wimpeln möcht ich ziehen,
Weit, o weit, wo noch kein Fußtritt schallte,
Keines Menschen Stimme widerhallte,
Noch kein Schiff durchschnitt die flücht'ge Bahn.

Und noch weiter, endlos, ewig neu
Mich durch fremde Schöpfungen voll Lust
Hinzuschwingen fessellos und frei – O,
das pocht, das glüht in meiner Brust. [...]

Stille, stille, mein törichtes Herz!
Willst du denn ewig vergebens dich sehnen,
Mit der Unmöglichkeit hadernde Tränen
Ewig vergießen in fruchtlosem Schmerz? [...]

Lass uns heim vom feuchten Strande kehren!
Hier zu weilen, Freund, es tut nicht wohl.[8]

Was die Droste hier anfänglich dichtet, bleibt eine Lockung, deren Unruhe sie als verzehrend, bis zum Äußersten ihre Kraft überdehnend empfand, und deren Sinn nachzugehen ist. Was bedeutet das Bleiben auf der Erde, das nebelichte Tal, das Lagern am Wasser? Was das stürmische Auffliegen zur Sonne?

Erde

Die Droste hat in mehreren ihrer ganz großen Gedichte, die in der Weltliteratur einzig dastehen, die Erde zu Wort gebracht. In zweien davon liegt sie auf der Erde hingestreckt (*Im Moose; Im Grase*); in zwei anderen stolpert sie unfreiwillig in eine Vertiefung, eine Art Grube oder sogar Grab (*Der Hünenstein; Die Mergelgrube*). Welcher Art ist dieses Fallen auf einen Grund, der sich sofort als Abgrund erweist?

Als jüngst die Nacht dem sonnenmüden Land
Der Dämmrung leise Boten hat gesandt,
Da lag ich einsam noch in Waldes Moose.
Die dunklen Zweige nickten so vertraut,
An meiner Wange flüsterte das Kraut,
Unsichtbar duftete die Heiderose. [...]

Ringsum so still, dass ich vernahm im Laub
Der Raupe Nagen, und wie grüner Staub
Mich leise wirbelnd Blätterflöckchen trafen.
Ich lag und dachte, ach, so manchem nach,
Ich hörte meines eignen Herzens Schlag,
Fast war es mir, als sei ich schon entschlafen.[9]

Im Liegen auf der Erde kommt es erstens zu einer Verschärfung aller Wahrnehmungen, vom Duft bis zu leisesten Geräuschen. Die Droste hört wie niemand zuvor kleinste Regungen des animalischen und pflanzlichen Lebens; sie hört noch das Zucken des Wurms im Hirn des Hundes. Zugleich nimmt das objektive Sehen ab: Ein Traumsehen tritt ein, wie in der Dämmerung. Zweitens löst sich in der Traumdämmerung die Zeit auf zur Gleichzeitigkeit: Vergessenes und graues Zukünftiges werden Gegenwart, aber in Leblosigkeit, Blutlosigkeit. Nach ihr greift das Zeitlose nicht des Lebens, sondern des Todes.

Ich sah mich selber, gar gebückt und klein,
Geschwächten Auges, am ererbten Schrein
Sorgfältig ordnen staub'ge Liebespfande.

Die Bilder meiner Lieben sah ich klar,
In einer Tracht, die jetzt veraltet war,
Mich sorgsam lösen aus verblichnen Hüllen,
Löckchen, vermorscht, zu Staub zerfallen schier,
Sah über die gefurchte Wange mir
Langsam herab die karge Träne quillen.

Am Schluss steht die unheimliche, in der Literatur beispiellose Vision der Auflösung in die Erde:

Und – horch, die Wachtel schlug! kühl strich der Hauch –
Und noch zuletzt sah ich, gleich einem Rauch,
Mich leise in der Erde Poren ziehen.

So zeigt sich das Bodenlose der Erde warnend und lockend, verführend und schauerlich in der Schärfung der urtümlichen Sinne Riechen und Hören, im Verschwimmen des Gestalthaften, Unterschiedenen zur farblosen Dämmerung, im Zurücksaugen des Ich ins Zeitlose, Ichlose, Willenlose. All diese Wandlungen werden aber als Tod, nicht als Leben empfunden. Erst in der letzten Strophe erscheint wieder Licht: Licht führt zurück ins Leben, Licht ist Entscheidung, Gestalt.

Ich fuhr empor und schüttelte mich dann,
Wie einer, der dem Scheintod erst entrann,
Und taumelte entlang die dunklen Hage,
Noch immer zweifelnd, ob der Stern am Rain
Sei wirklich meiner Schlummerlampe Schein
Oder das ew'ge Licht am Sarkophage.

Die abgründige Gefahr ist hier die Abgabe an das Stärkere, die Versuchung zur Rückkehr ins Unbewusste, nämlich ins Entscheidungslose, Vorpersönliche, Gleichgültige, ins Ersterben der Bindungen an ein Gegenüber. Aber: Die Droste ist kein prähistorischer Mensch mehr, sie erfährt das Fallen ins Abgründige nicht als Glück, sondern als Tod. In einen schon überwundenen Zustand zurückkehren heißt Sterben, Altern; es ist Bedrohung, nicht Befreiung.

Das Gedicht *Der Hünenstein* nimmt einen ähnlichen Ausgang: wieder in der Dämmerstunde, nichts sehend, nur das „Gestöhn" der Heide hörend. Und wieder die Grabsituation: „Wollüstig saugend an des Grauens Süße, Bis es mit eis'gen Krallen mich gepackt"[10] – eine verwandte Versuchung, diesmal zur Rückkehr in die Vorzeit der Götter, in die animistisch allbelebte, alldämonische Natur, in die ichauflösenden Opferriten. „Wie, sprach ich Zauberformel?“ Unabsichtlich und doch traumhaft sicher wird der magische Bannspruch getroffen, der das Erscheinen der alten Götter, ihre Rückbemächtigung der alten Erde auslöst. Am Ende bannt das lyrische Ich den Zauber nur durch das christliche Bewusstsein, das mühsam und trotzig, selber beschwörend aufgerufen wird:

Komm her, komm nieder – um ist deine Zeit!
Ich harre dein – im heil'gen Bad geweiht;
Noch ist der Kirchenduft in meinem Kleide!

Und erneut verstärkt „ein hüpfend Licht“, diesmal des Lakaien, die Abwehr.

Im *Hünenstein* wirkt die unheimliche Versuchung zum heidnischen Opfer, deutlicher: zum Selbstopfer, um Hass und Blutdurst des alten Gottes zu befriedigen. Welchen Hass? Den der zerstörten Erde, die Rache fordert. Widerhaken dieser neigungsmäßigen Selbstauslöschung ist das Empfinden einer verschuldeten Vernichtung der Erde, durch deren Entmachtung nämlich; die Erde selbst lockt die mythische Antwort von Selbsthass, Selbstzerstörung, Selbstopfer hervor. Während die christliche Antwort das Opfer des Sohnes wäre, das die Droste aber nur mit letzter Kraft erinnert, immer gerade noch sich aus dem destruktiven Zauber lösend. Ein anderes Gedicht an die Erde wagt sich in die Tiefe sowohl der geologischen Schichten wie der eigenen Seele: *Die Mergelgrube*. Der Beginn ist naturwissenschaftlich präzise, eine Gesteinskunde in Poesie, rational, genau differenzierend. Plötzlich erfolgt in der vierten Strophe ein Umschlag, der mit dem Wort „tief“ beginnt: ein

Umschlag ins Hören mit „berauschtem Ohr", in die Audition, dann in die Vision. Während des Abstiegs oder Hinuntergleitens in die Grube erhebt sich eine ungeheure Vision toter Vorzeit, gefolgt von einer ebensolchen Vision des künftigen Kosmos: Toter, ausgeglühter Raum wird traumhaft gepaart mit Menschheitsende. Vergangenheit wie Zukunft sind gleichermaßen erstorben, dem Enden unterworfen, dem Menschlichen tödlich fremd. Hier erfolgt das Erwachen durch ein herabfallendes Wollknäuel, „rund, warm, ehrlich", fast wie ein Faden der Ariadne, begleitet vom *Ave Maria* des strickenden Schäfers und der rot am Horizont aufleuchtenden Sonne. Zeichen der Rückkehr in die Gegenwart also, aber immer nur knapp und mit hohem inneren Preis entronnen – um das nächste Mal erneut in den versteinerten Anfang oder das erkaltete Ende abzustürzen. Denn die Ermordung der Erde bleibt bedrängend antwortlos und deswegen ungesühnt:

Und dennoch gibt es eine Last,
Die keiner fühlt und jeder trägt,
So dunkel wie die Sünde fast
Und auch im gleichen Schoß gehegt;
Er trägt sie wie den Druck der Luft,
Vom kranken Leibe nur empfunden,
Bewusstlos, wie den Fels die Kluft,
Wie schwarze Lad' den Todeswunden.

Das ist die Schuld des Mordes an
Der Erde Lieblichkeit und Huld,
an des Getieres dumpfem Bann
Ist es die tiefe, schwere Schuld,

Und an dem Grimm, der es beseelt,
Und an der List, die es befleckt,
Und an dem Schmerze, der es quält,
Und an dem Moder, der es deckt.[11]

Wasser

Ein anderes Verschlingen zeigt sich im Wasser. Dieses Urelement kennt eine zweideutige Zwischenform zur Erde: das Moor, auch eine Droste'sche Urlandschaft. *Der Knabe im Moor* sieht nicht, er hastet durch Stöhnen und Gewimmer; vor den akustischen Bedrohungen rettet wieder erst die Lampe, bevor der Boden sich mählich „gründet". Gerade das Moor ist trügerischer Übergang und Untergang, Sog nach unten, Entsetzen und entsetzliche Lust der Auflösung.

Wasser wird bei der Droste eine Intensivierung der Erde: „Du, der Erde köstlich Blut". Ins Wasser fallen heißt nie mehr aufwachen, völlig ins Gestaltlose zergehen. Ledwina, die Heldin eines frühen Romanfragmentes, sieht vom Ufer aus im Wasserspiegel ihre Glieder sich lösen und forttreiben.

Bist du so fromm, alte Wasserfei,
Hältst nur umschlungen, lässt nimmer los?
Hat sich aus dem Gebirge die Treu
Geflüchtet in deinen heiligen Schoß?
O, schau mich an! ich zergeh wie Schaum,
– Wenn aus dem Grabe die Distel quillt,
Dann zuckt mein längst zerfallenes Bild
Wohl einmal durch deinen Traum![12]

Die Wasserfei, personifizierte Dämonie der Wasserwelt, ist eine Perversion der Treue, des Behütens, des Frommseins: Sie behütet zu Tode. Und doch liegt genau darin wieder die Versuchung, sich anheimzugeben – kommt nicht das Kranke zur Ruhe im Tode? Wie die große Wendung an die Verstorbenen lautet: „Ich möchte mich in euch ergießen, gleich siechem Bache in das Meer."

Daneben gibt es, widerwärtig, die pervertierte Intensivierung des Lebens im Wasser, das tausendfüßige Gewimmel, die lügnerische Dynamik:

Ein wüster Kübel, wie getränkt
mit schweflichten Asphaltes Jauche,
Langbeinig füßelnd Larvenvolk
regt sich in Fadenschlamm und Lauche,
Und faule Spiegel, blau und grün,
Wie Regenbogen drüber ziehn.[13]

Hier zeigt der Regenbogen den falschen Frieden an, den Frieden eines Zustandes knapp an der Verwesung. Etwas an diesem Quasi-Fruchtwasser ist erlogen, ist schlecht verhehlte, unrettbare Auflösung. Es ist das Leben in seiner bloßen Vielheit, aber ohne Qualität, und die dämonische Karikatur des wirklich Lebendigen. Wasser ist andererseits Spiegel, Kristall der eigenen Seele, Widerschein des Ich, aber in einer selbst schwer bestehbaren Doppelung. Denn gerade im Spiegel ersteht die Gefahr des Mehrdeutigen, Schizophrenen, des vervielfältigten Antlitzes. „Ich geh, ich gehe schon – ich gehe nicht – /Mich dünkt, ich sah am Grunde ein Gesicht – /Komm, lass uns lieber heim, die Sonne sticht!"[14] Im Wasser zeigt sich die eigene

Seele, genauer: das Unendliche, Richtungslose, Unentschiedene, Ungreifbare der Seele. Wasser kann den Ich-„Kern" auflösen, überschwemmen bis zum Zerfall. Genauer gesagt: Es macht die innere Haltlosigkeit äußerlich sichtbar und bringt sie damit dem Bestehenkönnen, aber auch dem endgültigen Unterliegen näher. Die Droste hat an diesem Element die Vernichtung des gestalteten Lebens im Gestaltlosen empfunden, das Aufgeben der festen Wirklichkeit zugunsten einer scheinlebendigen Bewegtheit, die unmerklich an die Auflösung heranrückt.

Feuer / Licht

Noch ein drittes, wesentliches Element wird beschrieben, empfunden, erlitten. Bisher formierten sich die unbewussten Kräfte der Seele zur Selbstanschauung in Erde und Wasser. Nun aber ist die Dichterin auch nüchtern, klar beobachtend, rational-trocken – das Haxthausener Erbe. Hier tritt das Auge in sein Recht. Das rationale Tagesbewusstsein, symbolisiert im Licht der Sonne und der Lampe, holt immer wieder aus den Höhlen herauf:

Und wie ein Gletscher sinkt der Träume Land
Zerrinnend in des Horizontes Brand.[15]

Du selber sahst ihn in des Traumes Hort
Und des Erwachens rügenden Gerichten.[16]

Licht ist die überall gültige Metapher für Erkennen, bei der Droste auch die Metapher für Naturwissenschaft, Wissen der Neuzeit. Das Licht ordnet die Bezüge im Hellen, Klärenden; aber auch darin lauert unvermutete Gefahr, wie sich im *Spiegelbild* kundtut:

Und dennoch, dämmerndes Gesicht,
Drin seltsam spielt ein Doppellicht,
Trätest du vor, ich weiß es nicht,
Würd ich dich lieben oder hassen? [...]

Doch von des Auges kaltem Glast,
Voll toten Lichts, gebrochen fast,
Gespenstig, würd', ein scheuer Gast,
Weit, weit ich meinen Schemel rücken.[17]

Was meint das „tote Licht"? Das Gedicht *Die tote Lerche* deckt eine Trunkenheit am Licht auf, die in das Verbranntwerden wegreißt.[18] Die erwähnte Romanheldin Ledwina formuliert den enthüllenden Wunsch, „in einem einzigen, recht lohhellen Tage aus[zu]flammen" (wofür am eigenen Leibe Auszehrung und Fieber stehen). Alle Kräfte verausgaben, selbst das Feuer als Rausch erleben und darin vergehen: Das ist die tödliche Sehnsucht des Feuermenschen. Komplementär zur Auflösung „nach unten" scheint es eine Auflösung „nach oben" zu geben, eine aus Erde und Wasser unvermutet zu Flammen aufschlagende Todesgier.

Zum Zweiten aber bringt die Rationalität des Wissens eine Zerstörung des Unbewussten und in der Folge des Glaubens. Am Meersburger Schlossfenster sitzend, nimmt die Dichterin ein Gewitter über dem Bodensee in die religiöse Reflexion.

Ist's deine Leuchte nicht, gewaltig Wesen?
Warum, warum nur fällt mir ein, was ich gelesen?[19]

Keine Vorzeitblitze, früher als Epiphanien des Numinosen verehrt, lösen das Rätsel, ob Gott wirklich ist oder nicht. Anstelle der naiv-scheuen Verehrung tritt der Gedanke an die Lektüre über Elektrizität. Am Christentum hat die Droste ihr so empfundenes „Gericht" gefunden, ein doppeltes sogar, weil es ihre Träume *und* ihr taghelles Wissen richtet. Der Glaube fordert das Mythische heraus, aber auch das bloß Vernünftige. Lapidar trifft die Droste ihre zweifache Verführbarkeit:

Ein Haus hab ich gekauft, ein Weib hab ich genommen,
Drum, Herr, kann ich nicht kommen. [...]
Die Poesie das Weib,
Dem ich zu Füßen legen
Will meiner Muße Frommen
Zu süßem Zeitvertreib. [...]

So lieblich ist die Frau,
Sie zieht mich ohne Maßen
Zu ihrer Schönheit Schau.
Ach, ihr mag ich wohl lassen
Der lichten Stunden Blitzen,
Der Träume Dämmertau.[20]

Dieser Kampf gegen das eigene „Blitzen" und „Dämmern" wird von der Droste unter Bangen und Selbstverurteilung aufgenommen und ist der bedrängende Inhalt des *Geistlichen Jahres.* „Es ist für die geheime, aber gewiss sehr verbreitete Sekte Jener, bey denen die Liebe größer wie der Glaube, für jene unglücklichen aber thörichten Menschen, die in einer Stunde mehr fragen, als sieben Weise in sieben Jahren beantworten können. [...] und hier kann es mir oft scheinen, als ob ein immer erneuertes Siegen in immer wieder auflebenden Kämpfen das einzig zu Erringende, und ein starres Hinblicken auf Gott [...] das einzig übrige Rathsame sey."[21] Das „starre Hinblicken" ist gleichsam ein Gegenbann gegen die magischen und gegen die rationalen Bedrängungen, die der Abgrund aussendet. Denn das Christentum, um das die Droste lebenslang und häufig wie in Ohnmacht ringt, versteht sie in genauer Gegenposition gegen den Menschen, der sich selber vernichten, abhandenkommen, letztlich töten will, um in die Macht des Übermächtigen zurückzutauchen. Die Evangelien, die sie getreu und wie in einem Schrei um Hilfe auslegt, zelebrieren nicht das Fortgleiten ins Untermenschliche, ekstatisch Tödliche. Sie bilden vielmehr den Menschen heraus, der Antwort, Entscheidung, Einsatz formulieren kann. Sie fordern Hingabe, nicht Preisgabe. Nicht: verschlungen vom Göttlichen, sondern erhöht zu Gott. Und eben das wird ersehnt, herbeigerufen, erbeten, aber nicht erfahren. „Ich seh dich nicht. Wo bist du denn, mein Hort, mein Lebenshauch?"

Dass die Last der Existenz erlöschen will in der Lust der Nichtexistenz, war die Bedrängnis der Dichterin. Sie wusste wohl, dass sie dem Licht ihre Konturen verdankte, vielfach aber wusste sie es nur in einem „trotzdem". Ihre Treue war gleichzeitig kalt – und darin bestand ihr Leiden. *Das Geistliche Jahr* zeigt das Paradox eines Schmerzes, der aus der eigenen Ungerührtheit aufsteigt – Schmerz über die Rationalität, die sich nicht erwärmen kann, Schmerz über das Gefühl, das seine Ekstasen anderwärts, nicht bei dem eigentlichen Hirten, sucht und findet.

Die Liebe und das Ganze

Gegen Ende ihres Lebens, in der Liebe zu Levin Schücking, erfährt die Droste elementar das Aufhellen ihrer dunklen, todgefährdeten Seite.

Verschlossen blieb ich, eingeschlossen
In meiner Träume Zauberturm,
Die Blitze waren mir Genossen
Und Liebesstimme mir der Sturm. [...]

Wie ist das anders nun geworden,
Seit ich ins Auge dir geblickt!
Wie ist nun jeder Welle Borden
Ein Menschenbildnis eingedrückt! [...]

Entzünden möcht ich alle Kerzen
Und rufen jedem müden Sein:
Auf ist mein Paradies im Herzen,
Zieht alle, alle nun hinein![22]

Noch nach der Trennung, dem überwundenen Schmerz, gelingen ihr Gedichte von tieferer Versöhnung mit ihren inneren Erfahrungen denn je.

Eines der schönsten Gedichte der Weltliteratur lautet *Im Grase:*

Süße Ruh, süßer Taumel im Gras,
Von des Krautes Arome umhaucht,
Tiefe Flut, tief tief trunkne Flut,
Wenn die Wolk am Azure verraucht,
Wenn aufs müde, schwimmende Haupt
Süßes Lachen gaukelt herab,
Liebe Stimme säuselt und träuft
Wie die Lindenblüt auf ein Grab.[23]

Alle bekannten Elemente sind versammelt: Das Liegen auf der Erde, süßes und berauschtes Hören, die trunken machende, lebendige Flut; in der zweiten Strophe das magische und ersehnte Erwachen des Vergangenen:

Wenn im Busen die Toten dann,
Jede Leiche sich streckt und regt,
Leise, leise den Odem zieht,
Die geschlossne Wimper bewegt,
Tote Lieb, tote Lust, tote Zeit,
All die Schätze, im Schutt verwühlt,
Sich berühren mit schüchternem Klang
Gleich den Glöckchen, vom Winde umspielt.

In der dritten Strophe das Feuer als Strahl, Höhe, Blitz; in der folgenden das Dasein in der Allhingabe, wundervoll gelöst, ohne Selbstvorwurf; aber: Der Traum antwortet nicht mehr dem Tödlichen, Dämmernden, sondern dem Glück.

Dennoch, Himmel, immer mir nur
Dieses eine mir: für das Lied
Jedes freien Vogels im Blau
Eine Seele, die mit ihm zieht,
Nur für jeden kärglichen Strahl
Meinen farbig schillernden Saum,
Jeder warmen Hand meinen Druck,
Und für jedes Glück einen Traum.

Das unendliche Aufschwingen, Leuchten, Antworten der Seele gelingt. Hier kommt es zu einer Bewältigung des Unbewussten nicht einfach im haltlosen Zurückgleiten, sondern in der Offenheit für das Erscheinende. Aller innere Reichtum, verschüttet oder zutage liegend, bietet sich dem Ankommenden. Reine Gegenwart, in der alles sein Recht hat und das Unrecht der Magie umgeschmolzen ist in Hingabe. Ein seltener Zustand, in dem auch der Abgrund seine Schrecken verloren hat vor einer seltenen, unbenennbaren, reinen Seligkeit.

1 Der Dichter (1843/44), in: Annette von Droste-Hülshoff, Sämtliche Werke (=SW), Darmstadt 1966, 254.
2 Der zu früh geborene Dichter (1842), SW 193.
3 An Elise Rüdiger, zum 7. 3. 1845, SW 278f.
4 Das erste Gedicht (März 1845), SW 277.
5 SW 10.
6 Ebd.
7 Ebd., 9.
8 SW llf.
9 Im Moose, SW 122f.; daraus die folgenden Zitate.
10 Der Hünenstein (Meersburg 1841/42), SW 103; daraus die folgenden Zitate.
11 Die ächzende Kreatur (August 1846), SW 628.
12 Am Bodensee (1841/42), SW 120.

13 Spiritus Familiaris (Rüschhaus 1842), SW 432.
14 Kinder am Ufer (1841–1842), SW 92.
15 Durchwachte Nacht (Rüschhaus 1844/45), SW 275.
16 Walter (1813), SW 16.
17 Das Spiegelbild (Meersburg 1841/42), SW 164f.
18 SW 249f.
19 Am dritten Sonntag nach Ostern (Das geistliche Jahr, 1839), SW 533.
20 Am zweiten Sonntag nach Pfingsten (Das geistliche Jahr, 1839), SW 548.
21 Brief an die Mutter vom 9. 10. 1820, SW 20.
22 Spätes Erwachen (Meersburg 1943/44), SW 258f.
23 Im Grase (Rüschhaus 1844), SW 271.

VII. „In sich gegründete Provinz des Menschlichen"

Die Wahrnehmung der Frau bei Romano Guardini (1885–1968)

Persönliche Vorbemerkung

Obwohl Guardini noch lebte, als ich 1965 mein Studium in München begann, habe ich ihn nicht kennengelernt. Die einzige Gelegenheit dazu wäre ein Abendvortrag von ihm im Auditorium Maximum der Universität gewesen, etwa im Jahr 1966. Als ich lange vor Beginn kam, war dieser größte Hörsaal schon gefüllt – so hallte die Anziehung des berühmten Lehrers noch nach, der 1962 emeritiert worden war. Dann erschien der Pedell und sagte, Professor Guardini sei schwer erkrankt ... An einen Besuch bei ihm hatte ich, zu Recht, nie gedacht; als unbekannte und unbedarfte Studentin hätte ich gar nicht gewusst, worüber mit ihm zu reden wäre. 1975, sieben Jahre nach seinem Tod, lernte ich ihn dann doch kennen. Als Studienleiterin auf Burg Rothenfels, zeitgleich zu meiner langsam entstehenden Habilitation, traf ich auf seine lebendigen Spuren: auf seine Rothenfelser Freunde, auf die dortige Überlieferung, auch auf die strengen und geistigen Räume der Burg, die er zusammen mit dem befreundeten Architekten Rudolf Schwarz geschaffen hatte. Und in mehreren Gedenktagungen an ihn erstand seine Größe, seine auch heute noch im Spiegel seiner Bekannten und Werke spürbare Besonderheit. Wer immer mit ihm zu tun hatte, spricht in Verehrung oder auch mit wacher Erinnerung an diesen und jenen Satz von ihm. Einige wenige begegneten mir, deren Erwartungen von Guardini nicht erfüllt oder von vornherein abgewiesen wurden, aber auch das gehört zu seiner klaren und scheuen Gestalt. Im Jahre 1983 streifte mich der Gedanke, eine kleine Biografie, angereichert mit den vielen Burggesprächen und Mitteilungen seiner noch lebenden Freunde, zu schreiben; ich ließ den Gedanken aber wegen der schon im Vorblick anschwellenden Arbeit fallen. Wenig später jedoch trat der Verleger des Grünewald Verlages in Mainz, Dr. Jakob Laubach, mit derselben Anfrage an mich heran, da der hundertste Geburtstag Guardinis 1985 bevorstand. Aus dem geplanten Buch von einhundert Seiten wurde eine umfängliche Biografie (jetzt unter: Romano Guardini. Konturen des Lebens und Spuren des Denkens, topos ^{2}2010). Die Nachforschungen, Befragungen der Zeitzeugen, das Lesen der Archivmaterialien wurden auf merkwürdige Weise zu einer Mühe ohne Verausgabung, ein „leichtes Joch". Ohne Zweifel hängt diese Wirkung mit der besonderen Geistigkeit Guardinis, mit dem Unprofessoralen und Aufrichtigen, ja Aufrichtenden seiner Gedanken zusammen.

Stationen eines Lebens

Romano Guardini wurde am 17. Februar 1885, einer italienischen Kaufmannsfamilie entstammend, in Verona geboren, wuchs aber von seinem zweiten Lebensjahr an in Mainz auf. Nach dem dortigen Abitur 1903 und nach verschiedenen Irrwegen des Studiums begann er 1905 in Tübingen mit dem

Theologiestudium, das er in Freiburg und Mainz (1906–1910) fortsetzte. In Tübingen wurde Guardini mit dem Modernismusstreit konfrontiert, was ihn zu einer Grundlegung seines Denkens auf „Kirche und Offenbarung" veranlasste. 1910 zum Priester geweiht, promovierte und habilitierte sich Guardini (1915 und 1922) über Bonaventura. Die Verbindung zu Beuron und Maria Laach führte zu der berühmten Erstlingsstudie *Vom Geist der Liturgie* (1918). Von 1923 bis 1939 hatte Guardini die *ad personam* geschaffene Professur für Religionsphilosophie und Katholische Weltanschauung in Berlin inne. Dort befasste er sich mit Deutungen abendländischer Gestalten: Sokrates, Augustinus, Dante, Shakespeare, Pascal, Hölderlin, Kierkegaard, Dostojewskij, Nietzsche, Rilke. Diese Deutungen gipfelten in der Christusexegese *Der Herr* (1937) und in der Schrift über *Welt und Person* (1939). Neben der akademischen Arbeit wirkte Guardini zugleich mit an der Umwandlung der Rothenfelser Jugendbewegung in eine katholische Kulturbewegung und an der Neugestaltung der Liturgie. Die Aufhebung seines Lehrstuhls und die Enteignung von Burg Rothenfels 1939 durch die Nationalsozialisten schränkten sein zeitweise übergroßes Wirken auf Vorträge und Schreiben ein. Die Kriegsjahre 1943–1945 verbrachte Guardini im „Exil" bei seinem Freund Josef Weiger in Mooshausen/Allgäu. Von dort wurde er 1945 nach Tübingen, von 1948 bis 1962 nach München berufen. Seine kulturkritischen Arbeiten setzten ein: *Der Heilbringer in Mythos, Offenbarung und Politik* (1946), *Das Ende der Neuzeit* (1950), *Die Macht* (1951). Die letzten Münchener Vorlesungen behandelten christliche Anthropologie und Ethik in Auseinandersetzung mit Existentialismus und Psychologie. Internationale Ehrungen häuften sich: 1952 Friedenspreis des

Deutschen Buchhandels, 1961 Consultor für Liturgie des II. Vaticanums, 1962 Erasmus-Preis in Brüssel. Den von Papst Paul VI. angebotenen Kardinalshut lehnte Guardini ab (1965), so sehr ihn die Auszeichnung freute; er starb am 1. Oktober 1968 in München und liegt seit 1997 in der Münchener Universitätskirche St. Ludwig begraben.

Eine eigene „Provinz des Menschlichen"

Guardini hat sich nicht oft zum Thema „Frau" geäußert, es vielleicht sogar bewusst ausgespart, obwohl er zu seiner Arbeit auf Burg Rothenfels Frauen heranzog, einzelne sehr schätzte und viele beeinflusste. Aber durch sein Schrifttum ziehen sich einige Linien, die immer wieder auftauchen, immer wieder fallengelassen werden, jedoch in ihrer Aussagekraft unmittelbar ins Auge springen. Das wenige, das Guardini zum Thema Frau sagt, ist gehaltvoll, nicht einfach aphoristisch.

Ein kleines, nicht weiter auszulegendes Beispiel stammt aus dem Tagebuch vom 28. September 1954 und ist ohne alle Psychologisierung gemeint (der Guardini zurückhaltend gegenüberstand). Die Stelle betrifft das Dogma von der leiblichen Aufnahme Marias in den Himmel, das von ihm verstanden wird als der „elementare Appell an die Macht der heiligen Weiblichkeit. Die Welt geht am Maskulinen zugrunde, buchstäblich. Hier antwortet die Kirche der tiefsten Not des Menschen heute."[1]

Ins Grundsätzliche gewendet, fragen zwei andere, ausführliche Überlegungen nach dem Wesen der Frau, besonders in der heutigen Stunde – denn die Frau muss sich selbst nach Guardinis Meinung anders begreifen als bisher. Die erste Überlegung bleibt eine offene, antwortlose Skizze. Sie ist in der hier zitierten Form nicht veröffentlicht, sondern als neunseitiges Typoskript im Besitz des Archivs Burg Rothenfels und trägt den Titel *Frau und Staat. – Aus einem Gespräch von Gerta Krabbel und Romano Guardini.*[2] Es ist vor 1925 verfasst und eigentlich nicht in Form eines Gespräches, sondern monologisch formuliert; möglicherweise hat Guardini, dessen spezifische Sprachwendungen auffallen, das Gespräch im Nachhinein nur in seinem Ergebnis und nicht in seinem lebendigen Hin und Wider festgehalten.

Es beleuchtet die Frage, ob und weshalb sich Frauen nicht für Staat und Politik, weiter gefasst: für das Arbeiten in der Öffentlichkeit zu interessieren scheinen. Hier beginnt jene anregende Unterscheidung des Gedankens, worin Guardini Meister war. Nach eigenem Zeugnis fühlte er sich durch eine verwickelte Frage nicht gelähmt, sondern herausgefordert; freilich lässt sich der Anteil Gerta Krabbels daran nicht mehr herauslösen.

Das Gespräch geht von der gewohnten These aus: „Es wird häufig gesagt, Politik, öffentliches Wirken sei Bereich des Mannes. Bereich der Frau sei der Gegensatz dazu, das Privatleben. Woraus sich dann die handliche Formel ergibt: Die Frau gehört ins Haus."[3] Hier setzt die Unterscheidung an: Der Gegensatz „öffentlich" – „privat" ist richtig wahrgenommen, aber unrichtig auf die Geschlechter übersetzt. Jeder Mensch führt ein „ganzheitlich überindividuelles" und „einzelhaft individuelles" Dasein. Dessen heutige Ausprägung ist aber in beiden Fällen vom Mann her bestimmt. „In Wahrheit steht der in Öffentlichkeit und Privatsphäre gegliederten Gesamtsphäre des Mannes eine ursprüngliche Gesamtsphäre der Frau gegenüber, die in sich eine analoge Gliederung enthält. Diese Sphäre des Seins und Wirkens der Frau gilt es aus ihrem ursprünglichen Wesen heraus zu sehen und zu benennen."

Mit dem „Ursprünglichen" ist die Frage eröffnet, welche Wissenschaft das Wesen eruieren könne. Ausgeklammert wird die Psychologie, auch die Bestimmung vor allem vom Biologisch-Geschlechtlichen her. Noch nicht einmal die Noologie (Geistlehre) ist dafür geeignet, da gerade ihre „Maßstäbe für sachgerechtes, gar wissenschaftliches Denken" vom Männlichen her bezogen sind. Es handelt sich aber darum, das Spezifisch-Weibliche *aus sich selbst* zu bestimmen, weder im Vergleich noch im Bezug zum Mann, sei es zustimmend oder abgrenzend. Stattdessen geht es um „das Weibliche als in sich gegründete Provinz des Menschlichen". Der heuristische Weg lautet: „Wesen und Wirken der Frau ist zuerst und grundlegenderweise personal. Das Menschliche hat zwei Grundformen, voneinander nicht ableitbar, die männliche und die weibliche. Sie erhalten ihre ebenbürtige Würde und ebensolchen Wert von ihrer Person."

Damit ist der übliche Gegensatz Natur = Frau und Geist = Mann hinfällig, vielmehr stehen den männlichen Formen des Geistes weiblich bestimmte gegenüber. Was ist aber Geist, der zutiefst mit dem Personalen zu tun hat? „Geist ist Leben. Form, Gesetz, Begriff sind vom männlichen Wesen her charakterisierte Weisen, wie Geist wirken kann. Er selbst ist mehr. [...] Um des Geistes willen müssen wir uns dagegen wehren, dass er auf eine Seite festgelegt wird. Vielmehr liegt das Problem des Geistes gerade darin, wie er, der an sich jenseits solcher Kategorien steht, sich in den spezifischen Qualitäten des Männlichen und Weiblichen kundtut; wie die spezifisch männliche und weibliche Sphäre im Geiste wurzelt und auf ihn hingeordnet ist."

Kraft dieser Unterscheidung beginnt zugleich die Ergänzung der Geschlechter wie auch ihr Kampf. Die wichtige Schlusspassage lautet (weil unveröffentlicht, sei sie ganz angeführt):

„Der Wille dieses Kampfes geht auf Unterjochung des Anderen. Und Waffe in diesem Kampfe ist, man kann sagen, alles. Männliche Waffe ist vor allem eins gewesen: Kategorien und Maßstäbe des Wertes vom Männlichen her zu prägen, diese Prägung zu einer Selbstverständlichkeit des Kulturbewusstseins zu machen, um dann mit einer inappellablen Evidenz beweisen zu können, dass an diesem Maßstab gemessen die Frau minderwertig sei. Und da das ganze öffentliche und Kulturbewusstsein männlich geprägt ist, geschah kein Einspruch dagegen, dass hier die männliche Brechungsform des Wertes mit Wert überhaupt gleichgesetzt wurde. Das Gleiche noch tiefer ausgedrückt: Die männliche Waffe in diesem Kampfe war die Usurpation des Geistes. Die Gleichsetzung von Geist und Männlichkeit. Es wäre möglich, eine Geschichte des menschlichen Denkens von diesem Gesichtspunkte aus zu zeichnen. Und die Wirkung auf die Frau war zerstörend. Entweder sie nahm diese Auffassung an, machte sich zum Naturwesen – wobei sie dann ihre Waffen aus dieser Sphäre nahm: Intrige, Sinnenwirkung usf. – oder sie verzichtete nicht auf den Geist, und um doch zu ihm, der mit männlicher Form gleichgesetzt war, zu gelangen, fügte sie sich in die Formen des Mannes, in seine Begriffe, Zielsetzungen, seine Tätigkeitsweisen, und wurde dadurch verbogen und unecht. Was zu tun ist, ist groß und schwer. Der Frau ist die Aufgabe gestellt, sich ganz ins Eigene ihres weiblichen Menschentums zu stellen. Es nicht vom Manne her bestimmt sein zu lassen, sondern aus ihr selbst. Aus der

ursprünglich anderen Form des Menschseins. Sie hat die ganze Fülle und Kraft des Naturhaften darin zu bejahen, aber es im Geistigen zu verankern, unter die Voraussetzung des Geistes zu stellen. Wiederum aber: den Begriff davon, was Geist ist; die Maßstäbe dafür, was Wachstum im Geiste, was geistiger Aufstieg sei, nicht vom Manne her bestimmen zu lassen und von seinen Zugangswegen zum Geiste, sondern aus der übergeschichtlichen Fülle des Geistes, im Letzten: aus Gott. Innerhalb dieser ursprünglichen und ungebrochenen Sphäre lebendiger Geistigkeit hat sie sich ihre eigene Provinz zu erobern. Ihre Charakterisierung: weiblicher Geist, darf sie sich nicht aufzwingen, aber auch nicht schenken lassen, sondern muss ihn selbst sich gewinnen. Das muss durch viel Unsicherheit hindurchführen. Immer wieder drängt sich die Versuchung auf, Gedanken, Begriffe, Ausdrucksformen aus dem Bereich des Mannes herüberzunehmen, und sich damit die eigene Arbeit zu erleichtern. Auf solche Abkürzungen muss sie verzichten. Es ist gleichgültig, wie lange der Weg ist, denn es geht um Wahrheit und Sein. Es gilt ein Wachwerden des tiefsten weiblichen Gewissens. Es gibt viele Formen, wie ein Gewissen irregeführt werden kann.

Und sie muss vom Manne fordern, dass er ihr den Weg freigebe, dass er nirgendwo und in keiner Weise, auch nicht verhüllt unter moralische und religiöse Kategorien, ihr sein Wesen aufzwinge. Davon, dass die Frau sich wirklich selbst finde, hängt auch viel ab für das Selbstfinden des Mannes. Es ist ein wesenhafter Unterschied zwischen dem Männlichen und dem Maskulinen. Das Maskuline will allein herrschen und lebt von der Fügsamkeit des anderen. Das Männliche wächst an der ebenbürtigen Eigenwesentlichkeit des Anderen. Das Männliche weiß, dass es selbst nur werden kann in dem Maße, als die Frau wirklich fraulich ist. Dazu darf er aber den Begriff des Fraulichen nicht aus seinen maskulinen Instinkten heraus *formen, sondern muss ihn aus dem Wesen der Frau heraus empfangen. Und der Anfang dazu ist, dass er ihr den Weg zur vollen Findung ihrer selbst freigibt. Und da er sich hierbei nicht wird verstehen können, werden seine Ehrfurcht und sein Vertrauen größer sein müssen als sein Verstehen.“*

Eine Ordnung und ihre Verstörung

Was hier noch im allgemein geistigen Horizont gesagt ist – und mit welcher Deutlichkeit! –, wird viel später theologisch beleuchtet und tiefer grundgelegt. Guardinis schmales Buch von 1961 *Der Anfang aller Dinge* enthält zwei Kapitel, das eine überschrieben „Der zweite Schöpfungsbericht und die Ordnung der Ehe“, das zweite „Die Verstörung im Verhältnis der Geschlechter“.[4] Das eine Kapitel behandelt die „Ordnung der Ehe“, die ursprünglich tiefe Beziehung der Geschlechter zueinander, verdichtet in dem Wort „Hilfe“, die Gott dem Adam schafft und die umgekehrt für Eva in Adam geschaffen ist. Um sich jedoch überhaupt ergänzen zu können, ist das gemeinsame Dritte entscheidend: „Was also das Wesen dieser Verbundenheit zutiefst bestimmt, ist nicht das Physiologische, sondern das Personale. Sie enthält alles, was in der Beziehung zwischen Mann und Weib erwacht: Anrührung der Liebe, Lösung des Triebes und menschliche Fruchtbarkeit; Begegnung mit der Welt aus der Liebe, und Inspiration des Werkes durch sie.“ Ebenso wesentlich ist die Abstammung aus demselben „Stoff“, jener beiderseits gemeinsamen „Rippe“, die „lebendigster Ausdruck [ist] für die Wesensgleichheit, die zwischen Mann und Weib besteht“[5].

Insgesamt arbeitet Guardini überraschend heraus: Wie der erste Schöpfungsbericht in der Ordnung des siebten, des Herrentages, gipfelt, so der zweite Schöpfungsbericht in der „Ordnung geheiligter Menschengemeinschaft“. Sie wird übrigens von Jesus ausdrücklich gegen die Lockerung des Alten Bundes wiederhergestellt, nämlich in der Bestätigung der unauflöslichen Ehe, die durch die „Verstörung“ der Geschlechter der Gefahr des Entgleisens verfiel. Woher die Verstörung – an die ebenfalls weder Psychologie noch Biologie noch andere Wissenschaften im letzten herankommen? Die Theologie formuliert lapidar gemäß dem Schöpfungsbericht: „Der Mensch hat Gott den Gehorsam aufgesagt; von daher ist Unordnung in sein ganzes Dasein gekommen.“[6] Was diese zunächst so wenig griffig scheinende Unordnung heißt, lässt sich höchst sinnenfällig an den Folgen zeigen, und zwar besonders bedrängend an den Folgen für die Frau. „Wenn wir genauer in die Geschichte hineinschauen – aber auch in unsere Zeit, ja in unsere eigenste Umgebung –, sind wir bald belehrt, wie schwer das Joch der Arbeit auf der Frau liegt; welch harte Sklaverei sie erfahren hat und weiter erfährt, und wie viel ‚Dornen und Disteln‘ ihr der Acker des Daseins trägt. Das vergangene halbe Jahrhundert ist vom Kampf der Frau um ihre soziale und wirtschaftliche Freiheit durchzogen, und sie hat viel erreicht. Die letzten Jahre haben das Losungswort ihrer Gleichberechtigung gebracht, hinter welches nur zu leicht das der gleichen Art tritt. Mögen jene, die den Kampf führen, ihre Augen offen halten und darüber wachen, dass aus alledem keine neue Leistungsknechtschaft der Frau werde; sie würde nicht weniger schlimm, ja vielleicht zerstörender sein als die frühere.“[7] Die Tiefe dieser Strafe sieht Guardini freilich zugleich – gemäß der immer wirkenden göttlichen Dialektik – als Sühne und Überwindung. Wie schwierig sie ist, lässt sich erst im Blick auf das begreifen, was der Gehorsam eigentlich gemeint, wem gegenüber er gehorcht hätte. Guardini meint überraschend und doch einleuchtend, der ursprüngliche Gehorsam hätte der Tatsache gegolten, Gottes Ebenbild zu sein. Darin liegt die erste Bestimmung und mehr noch: Zustimmung des *ganzen* Menschen (worin auch seine Geschlechtlichkeit eingeschlossen ist!). Gottebenbildlich heißt aber genau gefasst, „dass der Mensch, selbst dem Herrn des Alls gehorsam, ein Herrentum von Gnaden innehat“[8], dies aber nicht vom Mann, sondern vom Menschen her gedacht. Also beiderseitige Freiheit zur Welt, auch Freiheit gegenüber dem Trieb, Herrschaft über das Dasein – in beiderseitiger Hilfe, niemals einer allein, nur für sich oder gar gegen den anderen. Der Mann für die Frau und die Frau für den Mann entworfen als Hilfe zur Freiheit – ein unerhörter Gedanke, den Guardini aus dem Schöpfungstext entnimmt. Dass also dieser zweigesichtige Mensch „nicht in die Welt eingefangen ist, sondern in ihr steht und zugleich ihr gegenübertreten kann; dass er fähig ist, sie zu durchleben, aber auch sie zu beurteilen; aus ihrem Stoff gebaut, in ihr Schicksal eingewoben, und doch ihr Gewissen. Es bedeutet nicht diese oder jene besondere Leistung, sondern Freiheit, samt alledem, was durch sie vorausgesetzt und von ihr her möglich wird. Diese Freiheit aber – um das noch einmal zu betonen – darf nicht vom Männlichen her vorbestimmt werden; vielmehr stellt sie sich in beiden Grundformen des Menschlichen jeweils echt und ursprünglich dar. Es ist das Unrecht des Mannes gewesen, dass er die Wesensmomente der Freiheit männlich bestimmt, damit die entscheidenden Werte in seinen Besitz gebracht und die Ordnungen des Daseins dadurch beherrscht hat. Die Folgen waren unabsehbar.“[9]

So ist das Ebenbild besonders dadurch bestimmt, dass der Mensch die Welt bebaue und bewahre (Gen 2,15), „in der Herrschaft über das Dasein, die nur dem ganzen Menschen gelingt – ganz aber wird er erst in der Gemeinschaft“[10]. Statt dessen aber zerstört der Ungehorsam die Herrschaftsmöglichkeit, löscht also die eigenste, erste Kraft des Ebenbildes zur freien Gestaltung aus. „Gehorsam seiner geistigen Freiheit“ – das war die paradoxe Formel für den paradiesischen Zustand, frei nämlich über alle Kräfte, alle „Impulse von der Person bestimmt“ und in ihrer souveränen Verantwortung. Ungehorsam dieser schöpferischen Mitgift zerfällt das männlich-weiblich ausgewogene Kräftespiel, die ordnende Spitze entzieht sich: „Die Menschen lehnen sich gegen Gott auf und zerstören damit den Grund ihrer eigenen Lebensordnung.“[11] Hier sitzt die verdeckte Wunde: im Nichtmehrteilen der Herrschaft/Freiheit Gottes.

„Was die Schrift darüber sagt, verstehen wir nicht, wenn wir uns nicht über den Ausgangspunkt klar werden, der alles bestimmt: Die Welt der Beziehungen zwischen Mann und Frau bildet keinen naturhaft geordneten, durch eindeutige Gesetze sicher geregelten Zusammenhang mehr, dessen Antrieben der Mensch einfach vertrauen könnte, sondern dieser Zusammenhang ist gestört, und zwar vom Innersten her. Und die Störung selbst kommt entscheidenderweise nicht aus biologischen oder psychischen oder soziologischen Schäden, sondern aus einer geschichtlichen Ursache: einer Tat, deren personales Entscheidungsgewicht ein ‚Trauma‘ geschaffen hat, eine ‚Verwundung‘, die in alles hineinwirkt. So können die Vorgänge dieses Bereiches auch nie rein ‚natürlich‘ betrachtet werden, weil

sie es nie sind. Immer enthalten sie jenes Element der Störung, das bewältigt werden muss. Dieses Element ist für den Menschen konstitutiv geworden und kann daher nie in der Wurzel überwunden, sondern muss in jedem Menschen und in jeder Situation immer neu aufgearbeitet werden.

Mehr als das: Das Trauma hat einen unaufhebbar ethischen Charakter. Es ist keine nur natürliche, sondern eine verschuldete Störung und daher in sich selbst auch Sühne. Die dumpfe Blindheit der neuzeitlichen Menschenbetrachtung offenbart sich, wenn es möglich ist, dass die Äußerungen des Geschlechtslebens von Zoologen, als Verhalten des ‚Menschen-Männchens und -Weibchens', behandelt werden, während doch der ganze Bereich – ebenso wie der von Arbeit und Werk – unter die Maßstäbe der Person und der Geschichte, und zwar einer tragischen Geschichte gehört."[12]

Statt Herrschaft Knechtschaft in vielerlei Form: Das gegenseitige Verfallensein, das Geschlechtsverlangen selbst, noch tiefer: der Verrat an der Personalität zerrt an den Partnern.

„Die Tatsache also, dass Eines nach dem Anderen Verlangen trägt, darüber aber ihm verfällt; Eines dem Anderen Erfüllung schenkt und es dabei um seine Freiheit bringt. [...] Auch im Geschlechtsverlangen selbst lauert eine Gefahr der Knechtung. Sie kommt einmal aus dem Charakter, den der Trieb annimmt, sobald er im Zusammenhang der menschlichen Lebendigkeit steht. Im Tier ist er in die Notwendigkeiten des Organischen eingeordnet, eben damit aber auch gesichert. Im Menschen tritt jedoch der Trieb in den Bereich der Person und ihrer Freiheit. Da ist er nicht mehr durch natürliche Organisation gebunden, sondern wird durch die Freiheit bestimmt und gewinnt eine Freizügigkeit, die er im Tier nicht hat.

Hier entsteht die Gefahr einer ‚Herrschaft', die dort nicht möglich ist; eines Beherrschtwerdens des personalen Menschen durch den unpersönlichen Trieb, sobald dieser sich der eigentlichen Herrsch-Instanz, der Freiheit, entzieht: einer Sklaverei, die entehrt, gegen die das Gewissen sich verwahrt, und die doch vom ‚Verlangen' gewollt wird. Sie bedroht die Frau, von welcher die Schrift zunächst spricht, aber ebenso den Mann. Sie verdichtet sich in der Gestalt des Partners, der doch eigentlich ‚Gehilfe' sein sollte – auch und gerade im Geschlechtsbezug; dazu nämlich, dass beide einander in Ehrfurcht vor der Freiheit und Ehre des Anderen gegenübertreten sollten.

Daraus kommt eine Geschlechtswelt von einer Heftigkeit, Unordnung und Sinnlosigkeit, die im Tierischen ihresgleichen nicht findet – wir brauchen nur an all die Verkoppelungen des Sexus mit dem Geld zu denken.

Da ist aber noch einmal mehr: Der Mensch, der unaufhebbar Person ist und Würde hat, fühlt, dass der Andere, ‚nach dem sein Verlangen geht', ihn durch eben dieses Verlangen unterjocht, und empört sich gegen ihn. Ein Groll entsteht, umso tiefer, als er in sich selbst den Verrat an der Personalität fühlt. Ein Hass, unlösbar in das Verlangen hineingewoben, nicht wegen dieser oder jener Handlung, sondern weil der Andere ist, wie er ist.

Kommt hinzu, dass der Trieb selbst und von vornherein die Möglichkeit der Abneigung in sich trägt. Nur die echte Entscheidung des Geistes, die reine Wahrheit des Gewissens ist eindeutig; der Trieb hingegen, das von ihm bestimmte Gefühl können jederzeit in ihre Gegenrichtung umschlagen. Die Liebe der Gefährtenschaft, die von Person zu Person geht, ist eindeutig; sie ruht auf der Wahrheit und verwirklicht sich in der Treue. Die des Triebes hingegen begehrt und kann sich in Widerwillen kehren. Sie meint, ohne den Anderen *nicht leben zu können, und kann ihn wieder nicht ertragen. So entsteht der rätselhafte Kampf der Geschlechter, bitter wie kein anderer, da in ihm der Hass ins Innerste des Verlangens, die Abweisung in die nächste Nähe eingewoben ist.“*[13]

Was Erlösung heißt, wird hier besonders empfindlich und alltäglich offenbar: Sie ist Erlösung zur ersten Ordnung, ein Wiedergeben der Würde an den Mann wie an die Frau. Erlösung freilich ist „keine Zauberei“; „so wird die Verwirklichung des Geschlechtsbezuges immer das Element der Sühne und Überwindung in sich tragen“[14]. Von Grund auf hält Gott erneut den Bezug von Mann und Frau so aufrecht wie den ursprünglich paradiesischen, garantiert sein Gelingen: „Doch ist im Herrn weder die Frau ohne den Mann noch der Mann ohne die Frau. Denn wie die Frau aus dem Mann, so ist auch der Mann aus der Frau; alles aber kommt von Gott.“ (1 Korinther 11,11–12)

In all dem ist Wahrheit gefordert: nämlich die Wahrheit des Verhältnisses beider zu Gott. Je wahrer der Gottesbezug, je wahrer mithin die ursprüngliche Anlage zur Freiheit, desto wahrer richtet sich das ursprüngliche Geschlechterverhältnis wieder auf: ein Grundgesetz des Lebens, das aus der Genesis ablesbar ist. Hier liegt auch die Schwierigkeit heutiger Grundrecht-Formulierung für Guardini, weil sie selbstherrlich und ursprungslos formuliert, wo zuerst und begründend eine Freiheit aus Gott, aus seinem Kraftfeld formuliert werden müsste.

„Um aber noch einmal auf die Gleichstellung der Frau mit dem Manne zu kommen: Das Grund-Recht, in welchem Gleichheit sein soll, besteht im Recht auf das eigene, von Gott begründete Wesen. Wohin kommt es aber damit auf dem Wege, den der Mensch allein

gehen will, ohne Gott, nur auf die eigene Einsicht und die Antriebe des eigenen Herzens vertrauend? Gelangt der Mann in die Freiheit seines Wesens, wenn die Staatsmaschine ihn zum Rad in ihrem Getriebe macht? Wird die Frau zu sich selbst frei, wenn sie, unter der Formel gleichen Rechts und gleicher Pflicht, ins Bergwerk gehen und als Soldat kämpfen muss? Dringt da nicht eine Tendenz durch, Mann und Frau auf ein Drittes hin auszugleichen? Auf ein Wesen ohne eigenen Charakter, worin sie nicht mehr wechselseitig einander als Gehilfen zugeordnet sind, sondern den anonymen Mächten des Staates, der Wirtschaft und Technik dienen?"[15]

Auch mit Guardinis Thesen ist kein letztes, jedoch ein tiefdringendes Wort gesagt. Es überzeugt wohl deswegen, weil er seine grundsätzlichen Überlegungen nicht als Ersatz für ein lebenslanges, alltägliches Bemühen um die Fremdheit des und der anderen verstand. Das Tagebuch vom 9. Juni 1953 vermerkt: „Gestern Abend den reizenden Film ‚Antoine und Antoinette' gesehen. [...] Besonders charmant ist das Lächeln, mit dem die junge Antoinette ihren Mann ansieht. Lieb und überlegen zugleich. Was bedeutet aber diese Überlegenheit – mit der jede rechte Frau den Mann ansieht? Ist nicht ein gut Stück davon die radikale Fremdheit zwischen den Geschlechtern?"[16] Wo etwas so ernst wahrgenommen ist und ohne faulen Schreibtisch-Frieden stehenbleibt, dürfen wohl auch die vorangegangenen Gedanken ernst genommen werden. Sie liegen kaum auf der heutigen Ebene weiblicher Selbstfindung. Sie zeigen aber zweierlei: welch ungewohnte Lösungen die alten Texte beim aufmerksamen Lesen freisetzen, und: welcher Gerechtigkeit einer der großen Theologen des 20. Jahrhunderts gegenüber dem Thema Frau fähig war, durch nichts geleitet als durch die Antennen seiner Wahrnehmungskraft und Wahrheitsliebe.

1 Romano Guardini, Wahrheit des Denkens und Wahrheit des Tuns. Notizen und Texte 1942–1964, hg. v. Felix Messerschmid, Paderborn 1980, 94.
2 Dr. phil. Gerta Krabbel war die Vorsitzende des Katholischen Deutschen Frauenbundes und Mitarbeiterin am „Burgwerk“ Rothenfels. Das Gespräch ist in veränderter Form, aber nur unter dem Namen Gerta Krabbels, abgedruckt in: Die Schildgenossen 6 (1926), 74–77. Der erste Entwurf wirkt lebhafter. Guardini verweist selbst auf sein Werk *Der Gegensatz*, das „demnächst“ erscheinen werde, woraus sich etwa die Entstehungszeit des Gespräches ableiten lässt, nämlich kurz vor 1925.
3 Typoskript (Archiv Burg Rothenfels), S. 3. Die folgenden Zitate entstammen, falls nicht anders vermerkt, dem Typoskript ohne weitere Seitenangabe.
4 Romano Guardini, Der Anfang aller Dinge. Meditationen über Genesis Kapitel I–II, Würzburg 1961. – In einem Brief vom 21. 9. 1963 an Peter Seidmann, Zürich (München, Bayer. Staatsbibl.) bezieht sich Guardini anerkennend auf Seidmanns Stellung zur „Frau in Geschichte und Gegenwart“ und schickt ihm seine eigene Arbeit *Der Anfang aller Dinge* zu.
5 Der Anfang aller Dinge, 46 und 45.
6 Ebd., 107.
7 Ebd., 107.
8 Ebd., 108.
9 Ebd., 108f.
10 Ebd., 110.
11 Ebd., 111 und 110.
12 Ebd., 111f.
13 Ebd., 114f.
14 Ebd., 117.
15 Ebd., 118f.
16 Wahrheit des Denkens und Wahrheit des Tuns, 36.

VIII. „Bürgerin Jerusalems in Babylon"

Edith Stein (1891–1942)

Leben in Spannung

Vieles, was seit dem 19. Jahrhundert gespalten war, tritt in Edith Stein, neu zusammengefügt, in den „katholischen Frühling" der 1920er-Jahre ein: Wissenschaft und Religiosität, Intellekt und Hingabe, anspruchsvolles Denken und Demut, Judentum und Christentum. Unter den wenigen Fotografien fallen zwei Gesichter auf, die doch eines sind: die stolze, selbstbewusste, selbstkritische Doktorin der Philosophie und die „Braut des Lammes" mit dem rätselhaft schmerzlichen und tief verinnerlichten Gesichtsausdruck auf dem Bild ihrer Einkleidung in den Kölner Karmel im April 1934. Dazwischen liegt ein Abstand, den Edith Stein mit Denken, mit Feuer, mit Leben, mit Glück, aber auch mit *holocaustum* gefüllt hat – einem Wort, das sie selbst bereits im Blick auf Husserl im Sinne von „Ganzhingabe" verwendet.

„‚Es geht ein katholischer Zug durch die heutige Geisteswelt, eine stille Sehnsucht nach Katholizität, nach einem universalen Kirchenideal.' Dies Wort Friedrich Heilers, das er in seiner Arbeit über *Das Wesen des Katholizismus* (München 1920) niederlegte, entspricht einem Tatbestande. Seit den Tagen der deutschen Romantik ist die Sympathie für das Leben und die Lehre der Kirche nie eine so starke gewesen als in unserer Gegenwart. Eine nicht kleine Schar evangelischer und jüdischer Intellektueller befindet sich auf der Pilgerschaft zur Kirche. [...]

aber leider sind es mehr die außerhalb der Kirche Stehenden und sich nach ihr Sehnenden, als die eigenen Söhne und Töchter, die von dem Wert der kirchlichen Kräfte lebendig, um nicht zu sagen leidenschaftlich, durchdrungen sind."[1] Diese hellsichtigen Worte treffen auch auf Edith Stein zu – und es wird sich zeigen, welch reiche, bis heute unausgeschöpfte Mitgift die Konvertitin in die neue Lebenswelt einbringt.

Entscheidendes wird bereits in der „Dichte der Kindheit" (Rilke) vorbereitet. Schon der Mutter war die Geburt des elften und letzten Kindes am hohen Versöhnungsfest, damals am 12. Oktober 1891, auszeichnend. Breslau, Geburtsort Edith Steins, besaß eine starke jüdische Gemeinde. Beide Eltern entstammten kinderreichen Familien aus dem schlesischen Kleinbürgertum, die allerdings um die Jahrhundertwende durch Studium und wachsenden Wohlstand mittelständisch wurden.

Das Mädchen wächst vaterlos auf: Siegfried Stein (1843–1893), Holz- und Kohlenhändler in Breslau, stirbt plötzlich auf einer Geschäftsreise. So übernimmt die Witwe Auguste, geborene Courant (1849–1936), das Geschäft. Das Bild dieser starken Frau, die ungelernt, mit erstaunlichem Erfolg und größtem Fleiß in die Arbeit einsprang, hat die Tochter später beim Entwurf der weiblichen Arbeitswelt und vor allem bei der Frage der Vereinbarkeit von Familie und Beruf geleitet. Auguste Stein besaß praktische Lebensklugheit und eine verhaltene, aber selbstverständliche Frömmigkeit; dennoch wuchsen die Kinder bereits in ein liberal-preußisches Kulturbürgertum hinein.[2] Die unaufhaltsame Assimilation dieser Generation warf die religiöse Tradition unbefangen weithin ab – sie überlebte eher in Form von Brauchtum, wie der Sabbatfeier und dem jüdischen Hochzeitsritual der Lieblingsschwester Erna.

Die Mutter ist die zutiefst prägende Gestalt und von starker charakterlicher Übereinstimmung mit der Tochter: Ethische Entschiedenheit, Bedürfnislosigkeit und Selbstdisziplin bleiben grundlegendes Erbe. Von der frühen Auffassungsgabe der „klugen Edith", die den Kindergarten verweigert und dringlich in die Schule strebt, über ihre erstklassigen schulischen Leistungen bis zu Gymnasium und Abitur 1911, wo sie als *Prima* den Denkspruch erhält: „Schlag an den Stein, und Weisheit springt heraus", und bis zu ihrer glänzenden Studienzeit und Promotion 1916 geht ein geradliniger, kaum gehemmter Weg. Hervorstechend ist eine rasch und gründlich aufnehmende Intelligenz, allerdings steht sie neben einer zeitweise übermäßigen Verschlossenheit. In der Autobiografie *Aus dem Leben einer jüdischen Familie* wird die Gefährdung dieser jugendlichen Phase – bis zur Lebensmüdigkeit – mit Freimut angesprochen. Schon die Gymnasiastin wendet sich den Idealen der Frauenbewegung zu, an der sie den männlich-kämpferischen Zug schätzt. Das leichte Abstreifen des Betens mit 14 Jahren ist bezeichnend, weil sich daran das Gesetz ihrer ganzen Generation zeigt: statt einer unverstandenen Tradition anzuhängen lieber aufrichtig in einem keineswegs unangenehmen Vakuum zu stehen; später wirft sich Edith Stein die „Sünde des radikalen Unglaubens" vor.[3]

Das – erstmals für Frauen mögliche – Studium führt Stein zu inneren Durchbrüchen. Zunächst freilich bleibt das in Breslau 1911 begonnene Studium der Germanistik, Geschichte, Philosophie und Psychologie der kritischen Studentin zu flach – vor allem die bei William Stern gepflegte „Psychologie des Denkens". Erst Edmund Husserls *Logische Untersuchungen* (1900/01) führen zum ersehnten intellektuellen Anreiz und zum leichtfüßigen Wechsel nach Göttingen 1913. Sofort in Husserls Seminar aufgenommen, kommen der Wunsch nach methodischer Klärung und das Drängen nach selbstständiger Arbeit zur Entfaltung. Stein besaß von Anfang an das Zielgerichtete und Willensbetonte einer großen rezeptiven Kraft. So führte sie gleich das Sitzungsprotokoll der Göttinger Philosophischen Gesellschaft, in der auch Max Scheler, damals der aufgehende Stern eines neuen katholischen Denkens, vortrug. Schelers philosophische Schätzung des Religiösen klang für die Agnostikerin erstaunlich, aber nicht unlogisch: „Das war meine erste Berührung mit dieser mir bis dahin völlig unbekannten Welt. [...] sie erschloss mir einen Bereich von ‚Phänomenen', an denen ich nun nicht mehr blind vorbeigehen konnte. [...] Die Schranken der rationalistischen Vorurteile, in denen ich aufgewachsen war, ohne es zu wissen, fielen, und die Welt des Glaubens stand plötzlich vor mir."[4]

Der Erste Weltkrieg führte zu tiefer, kaum zu bewältigender Erschütterung, zumal der triumphale Aufbruch sich immer tiefer in die Niederlage verstrickte. Die überzeugte Patriotin – Schlesierin, Preußin, Deutsche in konzentrischer Reihung – unterbricht 1915 Studium und Doktorarbeit zugunsten eines Lazarett-Einsatzes in Mährisch-Weiskirchen. Zurückgekehrt beendet sie nicht ohne Krisen nervlicher und intellektueller Erschöpfung ihre Dissertation über *Einfühlung*, die Husserl, mittlerweile nach Freiburg berufen, im August 1916 *summa cum laude* benotet. Stein findet sich jedoch bei allem steil aufstrebenden Weg in einer unklaren Lage: Husserl erwägt grundsätzlich keine Habilitation von Frauen; ein nicht-philosophischer „Brotberuf" ist ihr jedoch undenkbar. Immerhin stellt der „Meister" die ebenso fähige wie fleißige Doktorin als (unterbezahlte) Privatassistentin an. Ihre mühselige Aufgabe besteht darin, stenografierte Entwürfe zu transkribieren und ihre Weiterbearbeitung anzuregen oder selbst durchzuführen. Allerdings wird Stein dieses zehrende Tun wegen mangelnder Zuarbeit Husserls schon im Februar 1918 entmutigt aufkündigen.

Denn jene ungemein angespannten Jahre sollten auch eigenen Entwürfen dienen.

Wendung des Lebens: nach innen und unten

Einbrüche besonderen Leidens von 1917 bis 1921 drängen die Agnostikerin unaufhaltsam vor die Frage nach Sinn – zwanzig Jahre später wird sie ihrem Hauptwerk den herausfordernden Untertitel geben *Versuch eines Aufstiegs zum Sinn des Seins*. Damals handelte es sich um verschiedene Verbauungen des anfänglich so selbstsicheren Weges: Zum einen war die unerhört rasche Karriere an der Universität durch die Kündigung der Mitarbeit bei Husserl beendet. Hinzu kommen zwei zerbrochene Beziehungen. Die erste galt in scheuer und verhaltener Form – mit dem Höhepunkt 1917 – dem polnischen Kommilitonen Roman Ingarden. 1920/21 wiederholt sich das Grundmuster, Liebe ohne Gegenliebe, in Bezug auf Hans Lipps in „gespenstischer Weise“. Stein reflektiert später ohne genaue Angaben ein „Erlebnis, das meine Kräfte überstieg, meine geistige Lebenskraft völlig aufgezehrt und mich aller Aktivität beraubt hat“[5]. Weitere Schläge kommen von außen: Der geliebte Lehrer Adolf Reinach, Husserls Assistent, fällt im November

1917, Husserl selbst verliert den jüngeren Sohn Wolfgang; und was undenkbar schien, geschieht: Das Deutsche Reich zerbricht in Trümmer und schlittert in Hungerjahre und Inflation; auch das kleine „Vermögen" von Mutter Stein löst sich auf. Die hochbegabte jüngste Tochter ist arbeitslos, zukunftslos, einkommenslos ...

Mehrere Jahre liest sich Edith Stein in christliche Literatur ein, benutzt offenbar schon – lateinkundig – ein Brevier; im Juni 1921 mündet die quälende Suche in den Entschluss zur Taufe. Er fällt letztlich in Bergzabern im Hause von Hedwig Conrad-Martius anhand Teresas von Ávila *Vida* – einem mehrere Wochen lang studierten Buch aus dem Hause Reinach. Der „Blitz" der einen entscheidenden Nacht muss jedoch vor dem Hintergrund einer mehrjährigen „Wüste" und eines großen Leides gesehen werden. „... etwa so wie einem, der in Gefahr war zu ertrinken, und dem lange nachher im hellen, warmen Zimmer, wo er ganz geborgen ist und rings umgeben von Liebe und Fürsorge und hilfreichen Händen, auf einmal das Bild des dunklen, kalten Wellengrabes vor der Seele steht. Was soll man dann anderes fühlen als Schauder und dazu eine grenzenlose Dankbarkeit gegen den starken Arm, der einen wunderbar ergriffen und ans sichere Land getragen hat?"[6]

Die Wucht der neuen Anziehung ist erheblich: Stein lässt sich am 1. Januar 1922 in Bergzabern taufen und am 2. Februar 1922 in Speyer firmen – an welchen Daten die christliche Liturgie jüdische Rituale mitfeiert: die „Beschneidung des Herrn" und die „Reinigung Mariens im Tempel" nach mosaischem Gesetz. Doch trennt sich Stein damit von ihrer Kindheits-Kultur, wie ihr bedrückend klar wird am tiefen Schmerz und bleibenden Unverständnis ihrer Mutter und der Familie.

Das Leben unter dem „neuen Gesetz“ verläuft in zunächst unauffälligen Bahnen: Von 1923 bis 1931 arbeitet Stein als Lehrerin für Deutsch und Geschichte am Lyzeum St. Magdalena der Dominikanerinnen in Speyer. Erich Przywara SJ, ein Mentor katholischer Intelligenz dieser Jahre, rät ihr zu Übersetzungen von John Henry Newman und Thomas von Aquin, um denkerisch, nicht nur gläubig in christliche Philosophie einzudringen.

Neben der (Über-)Last der Schularbeit häufen sich die Einladungen zu Vorträgen, vornehmlich zur Frauenfrage.[7] Geistliche Heimat wird ihr ab 1928 das Kloster Beuron – „der Vorhof des Himmels“ – unter Abt Raphael Walzer. 1932 beruft das Deutsche Institut für wissenschaftliche Pädagogik die bekannte Vortragende als Dozentin nach Münster – auf die erste wirklich angemessene Stelle. Durch das „Gesetz zur Wiederherstellung des Berufsbeamtentums“ im April 1933 jedoch „untragbar“ geworden, kündigt sie selbst, um – wiederum nach herzzerreißendem Abschied von zu Hause – in den Karmel einzutreten. Bei der Einkleidung in Köln im April 1934 erhält sie wunschgemäß den Namen Teresia Benedicta a Cruce – eine klare Hommage an die beiden Wegbegleiter Teresa von Ávila und Benedikt von Nursia.

1937 zeichnet sie eine „ganz einfältige“ Skizze des neuen Lebens: „Wir glauben, dass es Gott gefällt, sich eine kleine Schar von Menschen auszuwählen, die besonders nahen Anteil an seinem eigenen Leben haben sollen, und glauben, zu diesen Glücklichen zu gehören. [...] Unsere Aufgabe ist es, zu lieben und zu dienen. [...] An sich gilt es gleich bei uns, ob man Kartoffeln schält, Fenster putzt oder Bücher schreibt. Im Allgemeinen verwendet man aber die Leute zu dem, wozu sie am ehesten taugen, und darum habe ich sehr viel seltener Kartoffeln zu schälen als zu schreiben.“[8]

Tatsächlich wünscht der Orden, ihre Begabung nicht brach liegen zu lassen. Ein umfangreiches Werk, ursprünglich als Habilitationsschrift von 1931 noch *Potenz und Akt* betitelt, wird mit Zunahme der Problematik *Endliches und ewiges Sein* genannt (1936/37). 1941/42 folgen *Wege der Gotteserkenntnis* und die *Kreuzeswissenschaft*: Inspiriert von dem spanischen Mystiker Johannes vom Kreuz (1542–1591), zeichnet Stein die paradoxe Beziehung von Leben und Tod, Kreuz und Auferstehung nach, was im Nachhinein durchsichtig wird auf ihre eigene Lebensentscheidung.

Steins Lebensende entzieht sich fast ganz ins innere Dunkel. An Silvester 1938 wechselt sie nach der „Reichskristallnacht“ vom 9. November in das niederländische Filialkloster Echt. 1942 versucht sie, für ihre als Laienhelferin tätige Schwester Rosa und sich selbst im Schweizer Karmel Le Pâquier Aufnahme zu finden, was von den dortigen Behörden zu lange hinausgezögert wird. Am 26. Juli 1942 lassen die niederländischen Bischöfe ein Hirtenwort gegen die Judenverfolgung verlesen. Eine Woche später werden im Racheakt der Nazis die katholischen Juden, betont die Ordensangehörigen, verhaftet und in Sammellager verschleppt. Auch die Schwestern Stein werden am Sonntag, 2. August 1942, abgeholt; vor dem Einsteigen fällt das Wort: „Komm, wir gehen für unser Volk.“ Im Lager Amersfoort findet Edith Stein ihre Freundinnen Dr. Ruth Kantorowicz und Alice Reis, deren Taufpatin sie 1930 in Beuron war; zu der Gruppe gehören noch andere namentlich bekannte Gefährten.[9] Edith Stein bildet darin eine Mitte gesammelter Ruhe. Wenige Tage später sorgt sie im Durchgangslager Westerbork für die Kinder. „Wir sind ganz ruhig und fröhlich. [...] Nun kommen wir ein bisschen dazu zu erfahren, wie man rein von innen her leben kann."[10] Ein jüdischer Mitarbeiter wird sie vor dem Abtransport am 7. August 1942 fragen, ob man noch etwas zu ihrer Rettung unternehmen könne. Sie wehrt ab: „Tun Sie das nicht, warum soll ich eine Ausnahme erfahren. Ist dies nicht gerade Gerechtigkeit, dass ich keinen Vorteil aus meiner Taufe ziehen kann? Wenn ich nicht das Los meiner Schwestern und Brüder teilen darf, ist mein Leben wie zerstört."[11] Ein Zettelchen mit dem Vermerk *ad orientem* stammt noch von einem Halt des Transportes im pfälzischen Schifferstadt – dann verlieren sich die Spuren der Gruppe gemeinsam ins Dunkel einer Gaskammer von Auschwitz-Birkenau am 9. August 1942.

„Die heiligen Frauen: das sind Bürgerinnen Jerusalems in Babylon. Das Leid, die Schuld, die Sehnsuchtsnot der Welt häufen sich auf ihnen; das Licht vernichtet sie fast; es bricht sie. Von vielen, wenn nicht von allen, gilt das Wort: Ich wäre untergegangen, wenn ich nicht zugrunde gegangen wäre *(Periissem, nisi periissem)*, das heißt, wie die große Teresa sagt: Ich lebe, weil ich immerfort sterbe, ich sterbe nicht, weil ich sterbe von Tag zu Tag."[12]

Philosophieren: sich der Wahrheit hingeben

Edith Stein, die Meisterschülerin, lernte diszipliniert phänomenologisch arbeiten. Ihr Stil, ihre Arbeitsweise sind in hohem Maße nüchtern bis zum Trockenen, sachbezogen, aufmerksam. Aber: Sie wird inhaltlich das bei Husserl Gelernte weiten. Husserl hatte die Welt, nicht aber die Gottesfrage wissenschaftlich berühren können oder wollen. Sie war nach wie vor ein Tabu, obwohl er sich persönlich, als lauterer Mensch, der er war, besonders in seinen letzten Jahren tief in das Neue Testament eingelesen hatte.[13] Edith Stein unternimmt es, angespornt von ihrer tiefen Erfahrung, aber geschult in der strengen phänomenologischen Methode, das Thema „Gott" denkerisch zurückzugewinnen.

John Henry Newman (1801–1890), den Stein zwischen 1923 und 1925 neben dem Speyerer Schuldienst übersetzt hatte[14], bestach sie als einer jener Suchenden, wie sie selbst sich empfand: „Es gibt nur eine Wahrheit [...] Die Suche nach Wahrheit ist nicht Befriedigung der Neugier; ihre Erlangung hat nichts vom erregenden Reiz einer Entdeckung; der menschliche Geist steht unter der Wahrheit und nicht über ihr; er ist verpflichtet, statt großspurig über sie zu reden, ihr in Ehrfurcht zu begegnen." Daran schließt sich unmittelbar Edith Steins gegenüber der Priorin geäußertes „Selbstbildnis": „Meine Sehnsucht nach der Wahrheit war ein einziges Gebet."[15]

In ihrem Hauptwerk *Endliches und ewiges Sein* (1936/37) versucht Stein, mit Hilfe einer durchgängig rationalen Gedankenführung von Welt und Mensch (dem endlichen Sein) auf Gott (das ewige Sein) weiterzuschließen: Sie versucht *„Aufstieg zum Sinn des Seins"* kraft der inneren Bewegung des Denkens. Wahrheit muss sich vor dem Verstand ausweisen können – auch religiöse Wahrheit. Dabei wird sich ergeben, dass das Dasein, aufmerksam auf seinen Grund betrachtet, keinen eigenen Grund aufweist. Dieser Gedanke ist nicht neu, er war nur durch die Selbstherrlichkeit des 19. Jahrhunderts überdeckt worden. Auch Martin Heidegger, der Kommilitone Edith Steins, hatte in dem großangelegten Entwurf *Sein und Zeit* (1927) die Frage nach dem Grund – der sich nicht im Dasein selbst erschöpft – unabweisbar aufgeworfen. Aber er hatte umgekehrt gezeigt, dass dem Dasein nicht Autonomie, sondern Angst und die Todesgrenze eingeschrieben seien. Edith Stein wird dieselbe Frage nach dem Grund anders lösen: Sie nimmt nicht die Verzweiflung des Menschen als einzigen Befund an, sondern seine Gesamtheit umfasst sowohl Angst als Geborgenheit, sowohl Auslieferung als eingegrenzten Selbststand, sowohl Irrtum als Wahrheitsvermögen, sowohl Nichtbegreifen als Klarwerden. Davon spricht Stein auf eine bei ihr seltene, lyrisch anmutende Weise: „Dieses Sein *ist* nicht nur ein sich zeitlich streckendes und damit stets ‚sich selbst voraus', der Mensch *verlangt* nach dem immer neuen Beschenktwerden mit dem Sein, um das ausschöpfen zu können, was der Augenblick ihm zugleich gibt und nimmt. Was ihm Fülle gibt, das will er nicht lassen, und er möchte ohne Ende und ohne Grenzen *sein*, um es ganz und ohne Ende zu besitzen. Freude ohne Ende, Glück ohne Schatten, Liebe ohne Grenzen, höchst gesteigertes Leben ohne Erschlaffen, kraftvollste Tat, die zugleich vollendete Ruhe und Gelöstheit von allen Spannungen ist – das ist *ewige Seligkeit*. Das ist *das Sein, um das es dem Menschen* in seinem Dasein *geht*."[16]

Was wird durch solche Beobachtungen denkbar? Edith Stein deckt auf, dass dieses Sein ein Antlitz trägt, nicht eine apersonale Sache ist. Und dass dieses Antlitz, einmal erfasst oder besser erahnt, umgekehrt alles bisher Erkannte in Bewegung bringt – rückwirkend also das Gedachte noch einmal verändert. Wenn der Grund der Welt geahnt ist, wird auch Welt anders begriffen. Die Wahrheit der Dinge verlangt mehr als einfaches Zugreifen in Form eines gegenständlichen Habens und Wissens. Sie verlangt den Vollzug der Anerkennung, der Wertschätzung. Wenn im Grund der Welt ein persönliches Gegenüber aufscheint, verlangt diese Wahrheit sogar eine Selbstübergabe. „Erkennen, Lieben und Dienen – und selige Freude im Erkennen, Lieben und Dienen –, das alles ist Empfangen und Annehmen zugleich, freie Hingabe seiner selbst in dies geschenkte Leben hinein."[17]

In dieser Weise wird Edith Stein von der Logik der Welt aufsteigen bis zur Logik des Personalen, worin der Mensch wie die höchste Person, Gott selbst, einbegriffen sind. Dieser Versuch überlässt die religiöse Frage nicht dem Gemüt, der inneren Erfahrung, der Erleuchtung. So kommt die Schülerin Husserls und späte Schülerin des Thomas von Aquin überraschend am Ende ihres Hauptwerkes *Endliches und ewiges Sein* auf Augustinus zurück: Weder nur die Wahrnehmung der Welt noch nur die Prüfung des eigenen Ichs stehen als Aufgabe an. Noch anspruchsvoller geht es um das Einbegreifen des Schauenden selbst in die Begegnung mit dem Geschauten – sogar um die Wandlung des Schauenden am Gegenüber. So lässt sich die Person nicht allein vom Sein, aber auch nicht allein vom Erkennen aufbauen, sondern wesentlich von der *Begegnung*. Diese denkerische Erfahrung stellt das Dritte vor, das über Thomas' Seinsdenken, über Husserls Ichdenken sich zu Augustinus' Denken aus der Beziehung öffnet: zu Hingabe und Hinnahme. Liebe „ist ganz Gott zugewendet, aber in der Vereinigung mit der göttlichen Liebe umfasst der geschaffene Geist auch erkennend, selig und frei bejahend sich selbst. Die Hingabe an Gott ist zugleich Hingabe an das eigene gottgeliebte Selbst und die ganze Schöpfung."[18]

Die „große Tochter Israels"

Edith Stein hatte mehrere Zuhause: in Breslau das mütterliche Haus; im akademischen Leben die Universität, spezifisch die *Alma mater* von Göttingen und Freiburg; das dritte Zuhause wurde die Kirche und tiefer noch der Karmel. Gertrud von le Fort, tief berührt von Edith Steins Erscheinung, schrieb 1934: „Es ist nicht zufällig, wenn in unseren Tagen der verborgenste aller Orden, der Orden unserer Lieben Frau vom Berge Karmel, gleichsam die Pforten seiner Klausur auftut und die Stimme seines gewaltigen Schweigens mitten in einer Welt erhebt, die doch scheinbar ihm so fernsteht. Es ist nicht zufällig: Diese dem Geist des Karmel scheinbar so fremde Welt unserer Tage ist im Grunde gerade ihm in ihren tiefsten Notwendigkeiten zugeordnet. [...] als Zuflucht auch noch in der Zufluchtslosigkeit! Im Karmel findet die Welt unserer Tage die Reihe der unerbittlichen Abschiede, wie sie heute von ihr verlangt werden, religiös vorgelebt – sie findet die ihr selbst so notwendige, vor nichts mehr zurückschreckende Verfügungsbereitschaft gegenüber den heute mehr denn je verhüllten Ratschlüssen Gottes – sie findet die Möglichkeit, in jede Nacht gläubig einzutreten als eben nicht mehr ihre eigene Nacht, sondern als die Nacht Gottes – im Karmel findet sie auch das unverständlichste ihrer Leiden gewürdigt, durch Aufopferung an die Ewige Liebe einbeschlossen zu werden in die Teilnahme am Erlösungsleiden des Kreuzes."[19]

Edith Steins Leben hatte sich nach einer steilen Aufwärtsbewegung an der Universität nach unten und nach innen gebeugt. Alles, was an ihr unausgereift war, zu spitz, zu hell, zu selbstsicher, wurde ihr in der zweiten Hälfte aus den Händen gewunden, und sie stimmte diesen Vorgängen zu. Es gibt die verschlossene, die kluge, die beherrschte, die Meisterdenkerin Edith Stein. Je länger je mehr gibt es auch die warme, mütterliche, Freundschaft und Halt gebende Karmelitin Edith Stein. Karmel war der Ort, an dem sie sich in ungeahnter Weise noch einmal löste wie vielleicht nie zuvor in ihrem bürgerlichen Leben. Als die 42-Jährige, noch erschöpft von ihrem überaus schmerzlichen und endgültigen Abschied von der Mutter in Breslau, zwei Tage nach ihrem Geburtstag, am 14. Oktober 1933, die Schwelle des Karmels St. Josef in Köln als Postulantin überschritt, begann ein klar abgesetzter Lebensabschnitt. Dass der Lebensabschnitt der letzte sein würde, war deutlich, denn er war als endgültiges Ziel erhofft und erbetet; dass er jedoch nur kurz sein würde, knapp neun Jahre, war nicht vorauszusehen.

In den Briefen nach 1933 erscheint ein doppelter Zug. Die Jahre sind geistlich ebenso fruchtbar wie politisch düster; menschlich werden sie immer lastender. So sehr das Glück des inneren Weges spürbar wird, weil „der Herr mich wieder als kleines Kind behandelt"[20], so sehr wird zugleich das über der Familie und dem jüdischen Volk aufziehende Unheil spürbar.

In einem Brief von 1938 erscheint zum ersten Mal die Gestalt der „kleinen Esther“[21], die zum Sinnbild des eigenen Betens, Drängens, Leidens für die anderen wird. Der menschliche Leidensweg verflicht sich ununterscheidbar mit dem religiösen. Die von Gnade durchleuchteten Tage in Köln verschatten sich. Edith Stein ist nicht nur von der letzten Woche ihres Martyriums her zu lesen. Wie Adrienne von Speyr hellsichtig bemerkte, liegt die öffentliche Sendung Edith Steins bereits im Schritt aus der Welt der Wissenschaft in den Karmel.[22] 1933 ist das Jahr, in welchem die vom familiären Trennungsschmerz verdunkelte, dennoch zielsichere Entscheidung zur endgültigen Hingabe fällt – alles Spätere ist darin im Kern einbeschlossen. Auch die Erkenntnis, dass der „Aufstieg auf den Berg Karmel“, wirklich vollzogen, den Abstieg in ein Unbegreifliches bedeute. Karmel war Glück, Angekommensein, aber ein Glück, das Leiden-Müssen heißt. Sie begreift es wohl erst in den letzten Jahren als die eigentliche Kreuzesnachfolge, begründet in der leidvollen, vielmehr gnadenhaften „Blutsverwandtschaft“ mit Jesus. Und so macht sie, längst bevor sie dem leiblichen Martyrium ausgeliefert wird, ein innerliches Martyrium durch. Erich Przywara sprach schon 1952 zu ihrem zehnten Todestag von einem „Antlitz des Einsturzes“[23].

In ihrem Passbild von 1938 (das während der Heiligsprechung sechzig Jahre später an der Front von St. Peter hing) verdichtet sich freilich einiges zur Sichtbarkeit: „Auf diejenigen, die Edith von früher her kannten, wirkte die Fotografie, die unmittelbar vor ihrer Flucht aus dem Kölner Karmel in den Holländer Karmel Echt aufgenommen wurde, so fremd, dass wir das Bild fast nicht ansehen konnten. Ihr einfaches, unschuldiges, fast immer fröhliches und liebliches Wesen war durch Leiden ganz entstellt", schrieb Hedwig Conrad-Martius, Conphilosophin und (evangelische!) Taufpatin Edith Steins, nach dem Krieg.[24]

Nach der Besetzung Hollands im Mai 1940 durch die Nazis wurde der tödliche Zugriff auch dort spürbar. Theodor Haecker notierte am 13. September 1941 in seine *Tag- und Nachtbücher*: „Heute ist bekanntgegeben, dass ab 19. September jeder Jude auf der linken Seite seiner äußeren Kleidung einen gelben Stern, den Stern Davids, des großen Königs, aus dessen Geschlecht der Menschensohn, Jesus Christus, die zweite Peron der Trinität, dem Fleische nach geboren ist, zu tragen habe. Es könnte die Zeit kommen, dass die Deutschen im Auslande auf der linken Seite ihrer äußeren Kleidung ein Hakenkreuz, also das Zeichen des Antichrist, tragen müssen. Durch ihre Verfolgung der Juden nähern sich nämlich die Deutschen innerlich immer mehr den Juden und deren Schicksal. Sie kreuzigen ja heute Christus zum zweiten Mal, als *Volk!* Ist es nicht wahrscheinlich, dass sie auch ähnliche Folgen durchzuleben haben werden?"[25]

Auf Sr. Benedictas Schreibtisch in Echt fand man am 2. August 1942 ihr letztes Werk, die *Kreuzeswissenschaft,* liegen – sie hatte wohl noch bis zum Chorgebet, aus dem sie binnen Minuten herausgeholt wurde, daran gearbeitet. Darin stehen folgende Sätze: „Alle, die den Mut haben, das Kreuz und den Gekreuzigten zu umarmen: In sie ergießt sich sein göttliches Licht und Leben, aber weil es unaufhaltsam alles vernichtet, was Ihm im Wege steht, darum erfahren sie es zunächst als Nacht und Tod."[26] Das mag die neue/alte Deutung des Unheilen sein, für die Edith Stein heute steht. Kein einziges Verbrechen ist damit entschuldigt oder im Nachhinein religiös geschönt. Es gehört aber zu Edith Steins Geistigkeit, und diese ist gerade in ihrer Nüchternheit bezwingend, ihrem Tod, „den Gott mir zugedacht hat" (so der Wortlaut ihres Echter Testaments vom 9. Juni 1939[27]), zuzustimmen und selbst im Zeichen des Verbrechens unmissverständlich das Kreuz zu erkennen.

Erinnerlich ist die erregte Debatte, die schon ihrer Seligsprechung als „Märtyrerin" 1987 vorausging und durch Daniel Goldhagens erneute Attacke auf den christlichen Antijudaismus wieder aufflammte[28]: Starb Edith Stein als Jüdin oder als Christin den Märtyrertod? Es gehört zur historischen Redlichkeit zu sagen, dass sie als Jüdin abtransportiert und getötet wurde; es gehört aber ebenso zur historischen Redlichkeit zu sagen, dass sie dieses Schicksal bewusst in der Nachfolge Jesu trug; ja, dass sie sich als Opfer auch für die endgültige Wendung des jüdischen Volkes zu Christus verstand.[29] Man mag dieses Selbstverständnis ablehnen – für sie selbst lässt es sich aber nicht abstreiten. Gerade ab 1933 betonte sie die besondere Auszeichnung ihrer jüdischen Abstammung im Sinne einer Berufung zum Kreuz. Den Rassenterror der Nationalsozialisten kommentierte sie hellsichtig, er richte sich gegen die menschliche Natur Christi. Kraft dieser menschlichen Natur wusste sie sich „blutsverwandt": „Sie glauben nicht, was es für mich bedeutet, Tochter des auserwählten Volkes zu sein, nicht nur geistig, sondern auch blutsmäßig zu Christus zu gehören."[30]

Es ist Edith Steins stets wachsende, ja sie nötigende Empfindung, für eine Hingabe vorgesehen zu sein, ohne das Ergebnis ihrer Hingabe sich abzeichnen zu sehen. Sie hat eine solche „Rechnung" an keiner Stelle betrieben, und eben das ist als Merkmal wirklicher Selbsthingabe zu sehen. „In Verborgenheit und Schweigen vollzieht sich das Werk der Erlösung. In der stillen Zwiesprache des Herzens mit Gott werden die lebendigen Bausteine bereitet, aus denen das Reich Gottes erwächst, die erlesenen Werkzeuge geschmiedet, die den Bau fördern. Der mystische Strom, der durch alle Jahrhunderte geht, ist kein verirrter Seitenarm, der sich vom Gebetsleben der Kirche abgesondert hat – er ist ihr innerstes Leben."[31] Wenn Edith Stein von einer solchen Haltung mitten in der Absurdität ihres nahenden Endes getragen ist, so weist dies den Resonanzboden bestimmter Erfahrung auf. Sie war bereit, diese Resonanz am jähen Ende ihres 51-jährigen Lebens im „Schmelzofen des göttlichen Bildners" zu prüfen, im „unerbittlichen Licht der göttlichen Gegenwart"[32].

Ihr zerstörtes Leben geht letztlich in eine kaum auszuleuchtende Stellvertretung über. Wie in ihrem Testament aufgezählt, sucht sie Kirche, Karmel, Judentum, Deutschland, ihre Familie und alle, „die Gott mir gegeben hat", mit Ihm zu versöhnen. Sühne ist im Munde Edith Steins keine überlebte theologische Vokabel. Sühne ist das unerklärlich Wirksame im Gewebe des gemeinsamen Daseins. Dass am leergeräumten Boden ihres Daseins ein Antlitz erschien, das der vollständigen Auslieferung einen Sinn gab, ist an ihrer Gestalt, die auch in der letzten Woche Ruhe und Ausstrahlung nicht verlor, ablesbar. Nochmals Reinhold Schneider: „Edith Stein, die vom Kreuz gesegnete Teresia, ist eine große Hoffnung, ja eine Verheißung für ihr Volk – und für unser Volk –, gesetzt, dass diese unvergleichliche Gestalt wirklich in unser Leben tritt, dass uns erleuchtet, was sie erkannt, und die Größe und das Schreckliche ihres Opfers beide Völker bewegt."[33]

Am 11. Oktober 1998 wird Edith Stein in Rom heiliggesprochen und ein Jahr später neben Birgida von Schweden und Caterina von Siena zur Mitpatronin Europas ernannt. Welche Frau spiegelt tiefer das Helldunkel des 20. europäischen Jahrhunderts in seinen Abstürzen und seiner „Gottesfinsternis" (Martin Buber), aber auch in seinem Neuanfang auf den Schultern der Märtyrer?[34]

1 Kölnische Volkszeitung, 15. 8. 1920 (o. Verf.): Der Aufschwung des Verbandes der Vereine katholischer Akademiker.
2 Edith Stein, Aus dem Leben einer jüdischen Familie (LJF), ESGA (Edith Stein Gesamtausgabe) 1, Freiburg 2000, Kap. 1.
3 Geistliche Texte II, ESGA 20, Freiburg 2007, 84.
4 LJF, 229f.
5 Psychische Kausalität, in: Beiträge zur Begründung der Psychologie und der Geisteswissenschaften, ESGA 6, Freiburg 2010, 73.
6 Brief 96 an Roman Ingarden vom 13. 12. 1925, ESGA 4, SBB III, 168.
7 Die Frau. Fragestellungen und Reflexionen, ESGA 13, Freiburg u. a. [2]2002.
8 Brief 161 an Roman Ingarden vom Sommer 1937, SBB III, 237f.
9 Anne Mohr/Elisabeth Prégardier, Passion im August, Annweiler 1995.
10 Brief 766 an Antonia Engelmann, SBB II, 582.
11 Zit. v. Johannes Paul II. bei der Heiligsprechung, in: Osservatore Romano (dt.), 12. 11. 1998.
12 Reinhold Schneider, Pfeiler im Strom, Wiesbaden 1958, 166.
13 Vgl. Adelgundis Jaegerschmid, Gespräche mit Edmund Husserl (1931–1936), in: Waltraud Herbstrith (Hg.), Edith Stein. Wege zur inneren Stille, Aschaffenburg 1987.
14 ESGA 21: J. H. Newman, Die Idee der Universität, Freiburg 2003; ESGA 22: Ders., Briefe und Texte zur ersten Lebenshälfte (1801–1846).
15 Zit. nach Teresia Renata de Spiritu Sancto Posselt, Edith Stein. Eine große Frau unseres Jahrhunderts, Freiburg [8]1962, 55.
16 Endliches und ewiges Sein (EES), ESGA 11/12, Freiburg 2006, Anhang, 479.
17 EES, 316.
18 EES, 385.
19 Gertrud von le Fort, Aufzeichnungen und Erinnerungen, Zürich/Köln 1952, 51f.

20 Br. 365 an Gertrud von le Fort vom 31. 1. 1935, Selbstbildnis in Briefen II (SBB II), ESGA 2, Freiburg ³2010, 87f.
21 Br. 573 an Petra Brüning vom 31. 10. 1938, SBB II, 333.
22 Adrienne von Speyr, Das Allerheiligenbuch. Erster Teil, Einsiedeln 1966, 249f.
23 Erich Przywara, Die Frage Edith Stein, in: Waltraud Herbstrith (Hg.), Edith Stein. En neues Lebensbild in Zeugnissen und Selbstzeugnissen, Freiburg 1983, 183.
24 Hedwig Conrad-Martius, Meine Freundin Edith Stein, in: Hochland 51 (1958/59), 38.
25 Theodor Haecker, Tag- und Nachtbücher 1939–1945, München (1947) ³1959, 263.
26 Kreuzeswissenschaft. Studie über Johannes vom Kreuz (KW), ESGA 18, Freiburg 2002, 226.
27 LJF, 375f.
28 Daniel Goldhagen, Die katholische Kirche und der Holocaust, Berlin 2002.
29 LJF, 375.
30 Zit. v. Johannes Hirschmann SJ, in: Waltraud Herbstrith (Hg.), Das wahre Gesicht Edith Steins, München ⁴1980, 104f.
31 Das Gebet der Kirche, in: Geistliche Texte I (GT I), ESGA 19, Freiburg 2009, 55.
32 Das Weihnachtsgeheimnis, GT I, 13.
33 Reinhold Schneider, Die Sendung der Edith Stein, in: Christ in der Gegenwart (1949).
34 Zur Vertiefung: Hanna-Barbara Gerl-Falkovitz, Unerbittliches Licht. Versuche zur Philosophie und Mystik Edith Steins, Dresden (Verlag Text & Dialog) 2015, 278 S.

IX. Zwischen den Zeiten

Ida Friederike Görres (1901–1971)

Zwischen den Kulturen: Das Leben

Friederike Maria Anna, die sich selbst später Ida Friederike nannte, wurde am 2. Dezember 1901 als sechstes Kind des Reichsgrafen und österreichischen Diplomaten Heinrich von Coudenhove-Kalergi und der Japanerin Mitsuko Aoyama auf Schloss Ronsperg mitten im Böhmerwald geboren. Ihr Erscheinungsbild spiegelte diese doppelte Herkunft deutlich; sie selbst empfand aber auch ihre geistige Herkunft aus zwei so unterschiedlichen Kulturen heftig und zuweilen schmerzlich: „Ob die große Traurigkeit, der unbarmherzige Blick auf die Welt mein Erbteil aus Asien ist? Es ist etwas Uraltes, Urweises, aber etwas unerlöst Altes und Weises, an dem ich da teilhabe."[1]

Ihr Vater starb, ihr kaum erinnerlich, bereits mit fünfzig Jahren; über ihre Mutter schreibt sie Folgendes – und darin deutet sich eine lebenslange Suche nach Integration und „Aufhebung" des mütterlichen Erbes an: „Ach, ihr tieftragisches Schicksal könnte erst ein großer Romancier der nächsten Generation schreiben, so wie die Mitchell ‚Gone with the wind'. Glauben Sie, sie wäre überhaupt gefragt worden, ob sie einen Europäer heiraten wollte, einen Europäer, von dem sie nur wusste, es seien ‚weiße Teufel mit roten Haaren und Fischaugen'? Ihr später, bitterer Kommentar: ‚Es war ärger als der Tod. Aber japanische Mädchen konnten gehorchen.' Befehl des Vaters, unwidersprechlich […] Meine Mutter mochte von ihren sieben Kindern nur die beiden Ältesten, die noch in Japan geboren waren, und ließ uns andere nie im Zweifel darüber […]. Mein Vater starb schon 1906, ich war vier. Wenn ich Hiesige wegen ‚mangelnder Nestwärme' klagen höre, muss ich fast lachen. Wir ahnten nicht einmal, dass man sowas vermissen kann."[2]

Die Mutter, die in ihrer fremdartigen Schönheit und Zierlichkeit bis zum Tode des Vaters vor allem gesellschaftlich repräsentiert hatte, kehrte nach 1906 unerwartet die Seite des Befehlens und der Herrschaft über die Familie hervor. Ihren drei Töchtern Olga, Ida und Elsa stand sie zurückhaltend gegenüber – einer der häufig ausgesprochenen Gründe war deren mangelnde „Schönheit". Im Wesentlichen waren es die Kinderfrauen, die die Geschwister erzogen.

Hierin drückt sich eine weitere aufgebürdete Zwischenstellung aus: jene zwischen der alten Hocharistokratie und dem „Volk", wirklich von „unten gesehen": „Erinnerst du dich, wie die Welt von der Schlossperspektive aussah? So ungefähr wie eine ägyptische Stufenpyramide. Ganz oben wohnte ‚man' einsam auf weiter Höh'. Dann kam lange nichts, dann kamen der Herr Pfarrer und die Gutsbeamten und der Herr Doktor und die Schwestern vom Waisenhaus, das war so ungefähr wieder ein Engelchor für sich – und dann weit weit darunter verschwamm die ganze übrige Welt in eine ungegliederte wimmelnde Fläche. Unsere Gouvernanten und Erzieherinnen waren demütige schattenhafte Geschöpfe, die um unser Leben flatterten, ohne dass wir sie recht merkten. Eigentlich standen sie den Dienstboten viel näher als uns – und du weißt ja, die wohnten auf einem anderen Stern."[3] Diese „anderen" blieben einfach blass; erst später ereignet sich etwas wie Begegnung, aber vor dem Hintergrund vieler nicht bemerkter Leben: „Ich habe einfach zum ersten Mal einen Menschen gesehen. Die anderen waren einfach da, nett oder unangenehm oder keines von beiden. Sie waren wie die Möbel im Haus, wie die Bäume im Garten. Man dachte nicht über sie nach, man nahm sie als gegeben [...], sie störten nur, wenn man gerade über sie stolperte. Sonst konnte man auch von ihnen fortgehen, in das Wirkliche hinein, in dem man selber lebte und das so unendlich viel wichtiger und lebendiger war als alles andere, schon gar als die Leute. In dieser Welt, die nur einem selber gehörte, die sie nicht einmal ahnten, dort existierten sie einfach nicht."[4]

Trotzdem gab es „das Wirkliche", tiefe Nahrung auch dieser Kindheit: „Der Duft der Dinge, die Güte der Dinge, ich spiele schon lange damit, dieses Element als die ‚einspringende Gnade' in meiner Kindheit auszusprechen – das, was bis zu einem gewissen Maß die Öde und Kälte unsrer so merkwürdig gnaden-, geist- und liebeleeren Erziehung aufgewogen hat. Die ‚Stimmung' – das heißt aber: die Essenz, die Wesenheit von Haus und Zimmer und Wald und Jahreszeit, die sich stumm und mächtig ausströmend offenbarte und die Seele berührte – die einzigen ‚numinosen' Erfahrungen meiner Kindheit." Vor allem der zeitlebens geliebte Wald verlieh dem Mädchen das untilgbare Gefühl der Heimat. Ihr Empfinden für die Natur war so ursprünglich, dass es mit dem Sinn für das Wort zusammenfiel: Ihre ersten Gedichte waren an den Wald gerichtet. Auf dieses Grunderlebnis des Kindes weist noch die späte Bemerkung von 1969 zurück: „Was der Wald mich gelehrt hat, das ist eingegangen bis ins Mark meines Selbst, das hat mein Gottesbild gefärbt, mein Selbstbegreifen und mein Menschenverständnis."[5] Oder die bewegende Schlussstrophe des Gedichtes *Alte Heimat*:

Gleichgeblieben sind sich nur die Düfte,
Harz und Moos und ferne hoch der Lüfte
Nie vergessnes, nie versiegtes Blau.[6]

In österreichischen Klosterschulen in Preßbaum und St. Pölten herangewachsen, begegnete das junge Mädchen dort erstmals der Kirche in ihrer bergenden, freilich auch starren Form. Erst in der katholischen Jugendbewegung nach 1918, im österreichischen Bund *Neuland*, dessen gesamtkulturellen und religiösen Erneuerungswillen sie führend mitgestaltete, vertiefte sich dieses Kirchenbild zu unerwarteter Lebendigkeit. Rasch kam sie in Berührung mit der geistigen Mitte des *Quickborn*, mit Romano Guardini auf Burg Rothenfels am Main. Zeitweise wurde sie zur Mitarbeiterin in der dem *Hochland* vergleichbaren Rothenfelser Zeitschrift *Die Schildgenossen*, woraus auch ihr erstes Buch *Gespräch über die Heiligkeit* zum Elisabeth-Jubiläum 1931 erwuchs. Bereits hier vollzog sich der Schritt aus einem romantischen Blick auf die Vergangenheit zu dem Bestehen der geistigen Aufgaben der Gegenwart. John Henry Newman, aber auch vor allem Erik Peterson waren dabei ihre vielgelesenen, geliebten Begleiter.

Die Begegnung mit der Jugendbewegung entbindet alle Kräfte von Ida Coudenhove, wenn auch noch nicht zur Reife: „Wer den Rausch des Aufbruchs nicht erlebt hat, soll darüber nicht skeptisch lästern. Er möge sich ähnlicher Ausfahrten erinnern – erster Liebe, erster Abenteuer des Geistes, ersten Entdeckerjubels. Es war eine großartige Sache. Wer, der ihr angehört hat, vermöchte ohne lebenslange Dankbarkeit ihrer zu gedenken! Heute wissen wir zwar, wie weit es Illusion war. Aber eine heroische Illusion, geboren aus einem unbändigen Vertrauen auf die Kraft und Weite des menschlichen Geistes – das alle Grenzen überflog. Der Irrtum bestand darin, dass wir Sehnsucht, Wunschtraum, Postulate verwechselt haben mit Ergebnissen und Wirklichkeit. Dass wir den Aufbruch schon für Eroberung hielten und vorwegnehmend nachhalfen, wo das Bild noch Lücken zeigte. Besonders in dem Letzteren lag die Täuschung." Oder: „Was wir als den christlichen Glauben und das katholische Weltbild aufbauten, war sozusagen ein Prachtmodell davon [...] Es ist ja auch ein berauschendes Schauspiel und es ist gut, wenn es tief und mächtig auf einen gewirkt hat und einen mit Stolz und Verantwortungsgefühl des Erben erfüllt hat. Und es gibt, scheint mir, einen guten Unterbau ab für die nachfolgende Erkenntnis, dass auch all dies nur Spiegel und Stückwerk ist, ‚Schatten und Bilder'. Es verhindert nämlich, was sonst eigentlich nahe läge, dass aus der Erschütterung, die der Durchbruch zur nächsten Stufe mit sich bringt, Skepsis oder Traditionsverachtung wird."

Die Konfrontation mit der „Praxis", wie man heute sagen würde, setzte rasch ein; Ida Coudenhove suchte sie geradezu auf. Ihre Studien der Geschichte und Sozialwissenschaften zwischen 1925 und 1931 zunächst in Wien, dann in Freiburg (sowohl an der Universität als auch an der Sozialen Frauenschule) brachten sie in Berührung mit den handgreiflichen Nöten der Zeit; tätig wurde sie anschließend 1931–1935 in Dresden als Diözesansekretärin des Bistums Meißen im Sinne eines geistigen Vor-Denkens für die katholische Jugend. Gerade in Dresden war ihre lebendige, ja glühende Art der Gedankenentwicklung schon ausgeprägt: Ihre langen Monologe, denen das Gegenüber oft nur mit Mühe antworten konnte, waren berühmt. Ihre adelige Abstammung war ihr zwar wichtig, aber nur im Sinne erhöhter geistiger Verantwortlichkeit oder auch einer vertieften Beheimatung in der Geschichte (ihrer ausgeprägten „ersten Liebe"). Zu Geld und Besitz hatte sie kein Verhältnis außer dem des Gebrauches für die Notwendigkeiten.

Als sie dem Berliner Carl-Joseph Görres (1905–1973) in Dresden begegnete, waren manche Kreise über ihre Verlobung fast enttäuscht, weil das Idealbild einer „Jungfrau von Orléans" zerstört schien. Ihr Mann, der sie in seiner Geistigkeit ebenbürtig ergänzte, bereitete ihr durch seine Tätigkeit als Ingenieur und Wirtschaftsberater selbstlos die Möglichkeit, als Schriftstellerin, Dichterin und Theologin tätig zu sein. In rascher Folge entstanden ihre größeren Werke neben vielen Vorträgen und kleinen aktuellen Schriften, die insgesamt um die Wahrheiten der Kirche und der Theologie kreisen. „Da ich keine Familie habe" – eigene Kinder blieben ihr zu großem Leidwesen versagt –, „hat sich eben meine ganze Kraft [...] auf die Kirche fixiert." Ihre Ehe war von vielen Freundschaften erhellt: zu Gustav Siewerth, Heinrich Kahlefeld, Werner Bergengruen, Joseph Ratzinger, Walter Nigg, Reinhold Schneider, Alfons Rosenberg und anderen. Ihr Haus in Stuttgart-Degerloch stand auch während des Krieges für Gespräche, sogar für ein zeitweiliges Untertauchen vor den Nationalsozialisten immer offen. Häufig erteilte sie auch Konvertitenunterricht, wofür sie eine tiefe Verantwortung empfand.

Im November 1946 erscheint der berühmt gewordene *Brief über die Kirche* in den *Frankfurter Heften*. Aus drängender Besorgnis um die mangelnde soziale Hilfe vieler kirchlicher Stellen in der schweren Nachkriegszeit entstanden, wurde der Brief bis in die höchsten kirchlichen Spitzen hinein, ja bis zu einer Rüge aus Rom als Zeichen einer grundsätzlichen Respektlosigkeit gedeutet. Ida Görres litt schwer unter diesem Missverständnis, gerade weil die Kirche ihre tiefe und letzte Liebe war. Am Ende ihrer scharfen Ausführungen heißt es (von den Tadlern wohl überlesen): „[...] und deshalb lieben wir sie. Nun entschuldigen Sie bitte dieses stammelnde Zeugnis einer Liebe, einer so langen und doch so hilflos gewordenen Liebe. Aber wer kann seiner Liebe Worte geben?“[7]

Als Folge dieser Spannungen kann man auch die ab 1950 einsetzenden, erblich bedingten Gehirn-Spasmen deuten, die sie lange ans Bett fesselten, ja teilweise lähmten und einen monatelangen Verlust der Sprache zur Folge hatten. Hinzu kam eine schwere Arthritis mit einer Empfindlichkeit gegenüber jeder Berührung (sogar die Bettdecke musste eigens abgestützt werden). Nur wenige Freunde konnten sie für festgelegte Minuten besuchen; trotzdem empfand sie diese Zeit als eine Wende zum Guten und als einen neuen Umschmelzungsprozess: „[...] eine Art Konversion, von meinem bisherigen selbstbeschränkten, selbstzufriedenen und etwas selbstherrlichen Bild der Kirche zu einem immer tieferen Schauen und Begreifen der Kirche selbst [...] es ist ein Stück wirklichen Sterbens, ein Teil des Abbröckelns jeden äußeren Hauses, um mit dem himmlischen Bau neu überkleidet zu werden [...] Wie beginne ich, vertrauend einzuschwingen in das Spiel der großen, undurchsichtigen und wunderbaren Führungen und Fügungen Gottes mit seinen Menschen, zu denen Er ganz gewiss nicht unsere aufgeregte, eifrige Nachhilfe braucht.“[8]

Dieses Leiden verlässt sie nicht, bessert sich aber so weit, dass sie weiterhin unermüdlich schreiben kann. Das Konzil erlebt sie zunächst mit freudiger Aufmerksamkeit, später eher mit Bangen und beständig beschäftigt mit den in ihren Augen zweideutigen Folgen. Sie bemüht sich, neuen Aussagen und Formen gegenüber aufgeschlossen zu sein, sieht aber mit dem ihr eigenen Instinkt auch Unverzichtbares im Wanken. Ein zeichenhafter Titel aus dem Jahre 1969 lautet: *Abbruchkommando in der Kirche*: „Niemand kann verlangen, dass mir die Leute, die zum Totengräber- und Entrümpelungswerk bestellt sind, nun auch noch sympathisch sind."[9] Streitpunkte waren ihr, auch in schmerzlicher Missstimmung mit alten Freunden, der Zölibat, das Frauenamt in der Kirche und die Enzyklika *Humanae vitae*, die sie verteidigte, und der *Holländische Katechismus*, den sie ablehnte. Wo sich die neuere Exegese gegen bisher anerkannte Wahrheiten aussprach – sei es die Existenz des Teufels, die Unfehlbarkeit des Papstes, die Glaubwürdigkeit der Wunder –, antwortete sie gleichermaßen kämpferisch und betroffen. 1969 erhielt sie die Berufung zur Teilnahme an der Würzburger Synode. Nachdem sie von ihren Ärzten die Erlaubnis dazu erhalten hatte, sagte sie nur: „Adsum." Die übermäßige Papierarbeit und das mühsame Formulieren von Stellungnahmen übernimmt sie klaglos; am 14. Mai 1971 gibt sie zu der Vorlage *Gottesdienst und Sakrament* ihre Meinung ab und bricht unmittelbar danach zusammen. Obwohl kurz vorher von besonderer Frische noch einmal verjüngt, wird diese Gehirnblutung tödlich: Sie stirbt am 15. Mai 1971 im Frankfurter Marienkrankenhaus.

Es war ihre Bitte, in ihrem weißen Kimono und mit einem „weißen Requiem" auf dem Bergäcker-Friedhof in Freiburg begraben zu werden – weiß als die japanische Farbe der Trauer. Joseph Ratzinger sprach im Freiburger Münster am 19. Mai die Gedenkworte, Walter Nigg hielt die Ansprache auf dem Friedhof. Erzbischof Hermann Schäufele ehrte sie nicht nur durch seine Anwesenheit beim Requiem, sondern indem er am nächsten Tag (Christi Himmelfahrt) Texte von Ida Görres bei einer Diakonweihe ausführlich zitierte. Auf ihrem Grabstein – einem Sandstein aus dem Oktogon-Umgang des Münsterturms – stehen die Worte: „Cave adsum!" – „Hüte dich, ich bin da". In diesem Wappenspruch des Namensvetters Joseph von Görres (1776–1848) hat sich Ida Görres selbst verstanden. Links ist das Quickborn-Kreuz eingemeißelt (sie war seinerzeit von den Quickborn-Mädchen gegen den Wunsch der Leitung zur Führerin gewählt worden). Auf der Vorderseite ist das Abbild des kämpfenden, ihrer eigenen Geistigkeit so teuren Erzengels Michael zu sehen.

Zwischen zwei Polen: Das innere Leben

Die äußeren Daten sind ein nur unvollkommener Rahmen, in dem die Gestalt dieser menschlich und religiös reich begabten, heute einem Schweigen anheimgefallenen Frau einen Anhalt finden kann. Was lässt sich über Ida Friederike Görres von ihrem lebendigen Wesen her sagen?

Eine tiefe Charakteristik wird wohl lauten: Ida Görres hat mit seltener Leidenschaft und gleichzeitiger Klarsicht ihre Liebe zur Kirche gelebt, durchdacht, durchlitten. Sie sondiert dabei zwei Wunden, die auch die ihren werden sollten: die Verwundung der Kirche durch die festgefahrene und überlebte Tradition mit ihrem bloßen Schematismus und durch die Verneinungslust vorschneller und übereifriger Revolution. Zu Ersterem formuliert sie den genialen Satz Romano Guardinis kongenial weiter: „Es gibt das ‚Erwachen der Kirche in den Seelen'. Es gibt auch das ‚Sterben der Kirche in den Seelen' [...], das langsame, schleichende, unmerkliche Sterben an Erkältung und Verarmung, an geistlicher Unterernährung und Verhärtung."[10] Was die zweite Verwundung betrifft, so fragte sie leidenschaftlich, ob man die Wunden der Kirche aufkratzen und bloßlegen oder sie nicht lieber küssen solle. Ida Görres versuchte dies als Laie, in der Form tiefer Liebe und verantwortungsvollen Tadels, geleitet und ausgewiesen nur durch die „Antennen des eigenen Herzens", aber dadurch glaubwürdig, ebenso anfänglich bewundert wie später zeitweise verfemt. Ihr Leben kann insgesamt als Ausdruck einer Spannung, ausgestreckt zwischen zwei Polen, gesehen werden: zwischen dem aufmerksamen Horchen auf das Vergangene und dem freimütigen Entbinden der neuen Gestalt der Kirche. Diesen Geburtsvorgang einer so sehnlich erwarteten und so mühsam hervorgebrachten neuen Gestalt verfolgte Ida Görres mit der ihr in besonderem Maße eigenen Feinfühligkeit. So besuchte sie in ihren letzten Jahren im Altersheim in Freiburg täglich die Eucharistiefeier, und zwar als Martyrium, im „Aufruhr aller Nerven" wegen der oberflächlichen Form, nur durchgehalten in der Anspannung auf den „feurigen Kern". Das Vordergründige und Lieblose des Vollzugs bereitete ihr das eigentliche Leiden, über das sie sprechen musste, während sie in Bezug auf ihre körperlichen Schmerzen von klagloser Tapferkeit war.

Anders wären ihre beiden inspirierenden Pole benannt als Pietät und Revolution. In einem ihrer unveröffentlichten Briefe – längst einer Edition würdig! – bezeichnet sie als „die tiefste Leidenschaft des Japaners die Bindung an das, was war".

Gleichzeitig wusste sie, dass dies eine mehr asiatische denn katholische Haltung sei, und begriff es als eigenste Anforderung, Abstand vom Überkommenen zu nehmen, selbst die Pietät um des glühenden Kerns der Kirche wegen aufzugeben: „[...] ich versuche mit Schmerzen, die ich gar nicht ausdrücken kann, hierin zu mir selber und meiner Natur Distanz zu bekommen und die richtigen Proportionen zu finden. Es ist ein Sich-Schälen, nicht bis auf die Haut, nein, bis auf die Knochen, Haut und Fleisch werden mitgeschält."[11] Ihr Wille zur Erneuerung des Glaubens aus dem Innersten brachte sie in den Sechzigerjahren auf die Spur Teilhard de Chardins, dem sie ebenso kritisch Fragen stellte wie sie sich selbst an ihm, dem Ergriffenen, entzündete. In dem Titel *Sohn der Erde*, den sie einem ihrer beiden Teilhard-Bücher gab, greift sie wie in dem posthumen Werk *Weltfrömmigkeit* auf eine künftige Theologie der Schöpfung voraus. Tief zusammenhängend damit fühlte sie sich immer von der Frage der „Leiblichkeit" angezogen, der Frage des Materiellen, Irdischen, der „Außenseite", in die ja – ebenso tief damit zusammenhängend – auch die Kirche eingelassen ist, die „leibhaftige Kirche" mit ihren Sakramenten, Symbolen und ihrer so störanfälligen Außenseite. Eine der eigensten Erkenntnisse von Ida Görres war jene von der wesentlichen Aufgabe der Kirche, den Menschen gerade in seiner Leiblichkeit zu leiten, ihn darin behaust zu machen. Diese Leiblichkeit war ihr die blutvolle Voraussetzung und Ergänzung einer Kirche des Geistes, der ihre Sehnsucht galt: „Ich werde übrigens immer joachitischer, Joachim von Fiore hat ja eine Kirche des Geistes angekündigt [...] in immer neuen Verwandlungen schimmert sie durch."[12] Hier liegt ihr tiefes Plädoyer für die Unauflöslichkeit der Ehe, für das leiblich Verbindende und Verbindliche.

„Der Mensch will menschlich lieben, mit Leib und Seele beschenkt und hingegeben, möchte gehalten und geborgen sein von einem Menschen für jetzt und immer, für alle Fährnisse des Lebens und für das große Abenteuer des Sterbens."[13] Und wieder in ergänzender Spannung dazu ihre Feinfühligkeit für den Zölibat und die freiwillige oder „zugefallene" Jungfräulichkeit, die die Frauengeneration nach dem Krieg betraf, wo sie den Sinn des Opfers der unerfüllten Leiblichkeit um der neuen Schöpfung willen zu beleuchten suchte.

Bündeln und in eine Mitte einbringen lassen sich diese Zusammenhänge in Ida Görres' eigensten Auftrag, die Kirche in ihren Heiligen darzustellen, in ihrem wahren Gesicht: dem menschlichen. Wie sie die Kirche ebenso außerhalb oder besser: über den geschichtlichen Zufälligkeiten zu sehen suchte – konservativ in dem Sinne, dass sie das unvergänglich Gültige wahrnahm – und sie doch zugleich eingetaucht und vermischt mit allem Leibhaft-Geschichtlichen sah, so war es ihre Gabe, das natürlich Vorgegebene, unverwechselbar Besondere eines Heiligen, auch seine aus Schwächen stammenden Stärken vor Augen zu rücken, kurz seine geschichtliche Gestalt zu erhellen – dabei aber auch das bestürzend Gültige dieser Summe einzelner Entscheidungen herauszuheben. Dies gelang ihr vor allem mit Frauen: Elisabeth von Thüringen, Johanna von Orléans, Hedwig von Schlesien, Radegundis, Therese von Lisieux, Maria Ward und freilich auch mit Franz von Assisi. Besonders im *Senfkorn von Lisieux* (1943) erreicht die Hagiografie unseres Jahrhunderts eine neue und maßgebende Höhe.

Eine letzte hervortretende Gabe ist die Entsprechung der formalen Kraft ihres Wortes zu ihrer Sendung und – vielleicht darf man so sagen – zu ihrer geistigen Passion. Bei aller weiten

Spannung im Denken war Ida Görres nicht eigentlich abstrakt. Wie sie in einem Brief bemerkte, war ihr nichts fremder als „reine" Philosophie; wohl aber kannte sie den philosophischen Eros, „die einzige strenge, rein geistige Leidenschaft, das kalte Feuer, das trotzdem glüht wie ein Morgenhimmel oder ein weißer Stern"[14]. Demgegenüber empfand sie die Gefährdung dieses Charismas durch den Intellektualismus stets als besonders zerstörerisch. Sie bedauerte einmal, dass die intellektuelle Lüge zu ihren Jugendsünden gehört habe, während sie später ihre Schuld eher in einem Verbergen ihrer Meinung um der „schwachen Brüder" willen sah. Ihre Sprache war ebenso zuchtvoll wie schöpferisch quellend, ebenso elegant wie kämpferisch. In vier fast unbekannt gebliebenen Gedichtbändchen gelingen ihr meisterhafte Strophen, besonders in der Verbindung von Naturnähe und Glaubenssehnsucht. „Die vom Wort Gezeugten haben das Wort" – diese mittelalterliche Sentenz des Bernhard von Clairvaux bezeichnet auch Ida Görres' selbstständige, schöpferische Sprachlichkeit. In ihrer Sprache war etwas ebenso Lebendiges, Wirklichkeitsnahes wie zugleich Gebändigtes, wie sie sich überhaupt durch Leidenschaftlichkeit und große Zartheit auszeichnete, darin eine heimliche Partnerin Romano Guardinis. Gleich ihm war sie in ihren Arbeiten auch von großer Lauterkeit des Handwerks, versuchte, die Glut des Denkens in die Sprache einzutragen.

Überhaupt lässt sich sagen: Ihr Charisma war das Geistige, freilich in Form eines Erleidens. Es gehört zu jenen Leiden, die aus dem Verzicht auf das geliebte Alte kommen, um das unfertige und vielleicht sogar unförmige Neue, das aber als richtig geahnt wird, vorzubereiten. „Die Steine der Kirche werden mir mehr und mehr transparent. Sie hören nicht auf, Quader zu sein, sie lösen sich keinesfalls. Aber sie werden durchsichtig. Manchmal sehe ich die Kirche so: als einen gotischen Kristallberg, gewaltig aufragend, mit unzähligen Kanten und Facetten funkelnd, vor einem nächtlichen Himmel aufsteigend. Aber sie bedeckt ihn nirgends, weil sie kristallen ist, er schiebt sich nicht dazwischen. Alle Sterne und alle unermesslichen Welten schimmern hindurch. Und zur anderen Seite sehe ich sie eben auch wieder [...] wie ein Goya-Bild. Der halbtote, verwüstete, verstümmelte Leib der Kirche, an einem Pfahl hängend, voll offener Wunden, wildem Fleisch, Schmutz und Verwesung. Sie ist so und noch vieles andere dazu."[15]

Ida Görres' Denken ist gekennzeichnet vom Aushalten eines „Zwischen". Von ihrer leiblichen und geistigen Ausstattung her ist sie nicht einhellig, sondern von einem überbordenden Reichtum, dem sie erst eine Mitte schaffen musste: im Christentum, seiner kirchlichen Gestalt. Vieles, was ihr früher daran transparent war, hat sich ihr in den letzten Jahren verdunkelt. Und sie selbst wurde in diesem Vorgang aus einem frühen Rampenlicht katholischer Öffentlichkeit in ein Halbdunkel versetzt, worin jüngere Verlagsangestellte nicht einmal mehr ihren Namen richtig schreiben konnten. „Ich liege nicht mehr im Trend der intellektuellen Masse, auch der katholischen, die mich viel früher doch sehr stark als einen ihrer Sprecher empfunden hat. Jetzt bin ich ihr Widersprecher und daher nicht mehr gefragt."[16]

Vielleicht war es ihr aber weniger gemäß oder, besser gesagt, vielleicht war es ein Missverständnis, sie je in einer „Mitte" angekommen zu sehen – Mitte im Sinne letztgültiger Einsichten, die dann doch – aus unerfindlichen Gründen – plötzlich ihre Gültigkeit einbüßen. In ihrem späteren Tagebuch *Zwischen den*

Zeiten trifft sie sich selbst: „Meine eigentlichen Probleme, meine zentralen, existenziellen, liegen in Wirklichkeit gar nicht im Intellektuellen, wie meine Bekannten, Fremde und sogar Freunde hartnäckig von mir glauben. Sie liegen seit eh und je im Moralischen, soweit meine Erinnerungen zurückreichen und auch hier nicht im Theoretischen und Prinzipiellen, sondern im Leben. Den Intellekt habe ich stets nur als Hilfstruppe herbeigerufen, um den unentwirrbaren Dschungel des Lebenmüssens zu durchleuchten und die Grundsätze, um eine Straße durchzuhauen – der Weg, das war und ist doch der Inbegriff meines Fragens."[17] Hat sich diese Suche nach einem, nach *dem* Weg in der von Ida Görres vorgelebten und vorgedachten Qualität vererbt?

1 I. F. Görres, Nocturnen. Tagebuch und Aufzeichnungen, Frankfurt 1949.
2 Brief an Annemarie Langens, zitiert nach: Frau im Leben 6 (1971).
3 Die Erhörung, zitiert nach: Annalies Stiglocher, Das Porträt: Ida Friederike Görres-Coudenhove. Ms. der WDR-Sendung am 8. 2. 1965, 6.
4 Ebd.
5 Unphilosophische Brocken 5, Freiburg 1969, 4.
6 Der verborgene Schatz. Gedichte, Frankfurt 1949, 21; neu hg. von H.-B. Gerl-Falkovitz: Gedichte, Dresden ^{3}2010.
7 Brief über die Kirche, in: Frankfurter Hefte 1 (1946).
8 Zit. n. M. Rössler, in: Deutsche Tagespost vom 5./6. Januar 1973, 9.
9 Im Winter wächst das Brot, Einsiedeln 1970.
10 Die leibhaftige Kirche. Gespräch unter Laien, Frankfurt 1950.
11 Brief an Alfons Rosenberg, unveröffentlicht; mitgeteilt vom ihm selbst auf einer Tagung auf Burg Rothenfels vom 21.–24. 5. 1980.
12 Brief an Alfons Rosenberg, unveröffentlicht (s. Anm. 11).
13 Von Ehe und von Einsamkeit. Ein Beitrag in Briefen, Donauwörth ^{2}1950, Wien ^{3}2014.
14 Brief an Alfons Rosenberg, unveröffentlicht (s. Anm. 11).
15 Brief an Alfons Rosenberg, unveröffentlicht (s. Anm. 11).
16 Brief von 1964; Archiv Gerl-Falkovitz.
17 Zwischen den Zeiten. Aus meinen Tagebüchern 1951–1959, Olten 1960.

X. Die Nähe der Frau zu Magie und Erlösung

Ein Blick auf Werner Bergengruen (1892–1964)

Die Mystik des Unerlösten

„Der Dichter wird immer wieder versucht und genötigt sein, die heidnische Welt in die christliche Verklärung heimzuholen. Dass sie diesen Mut und diese Kraft nicht hatten, das macht die Schäbigkeit so vieler christlicher Dichter aus. Ich bekenne mich dazu, ein christlicher Heide zu sein.“[1]

Der Eindruck, Bergengruen habe ein ebenso eigentümliches wie ursprüngliches Verhältnis zum Heidnisch-Magischen, drängt sich unmittelbar nachhaltig auf, wenn man seine einführende Beschreibung der Wendin Worschula in dem großen Roman *Am Himmel wie auf Erden* aufmerksam durchgeht. Um einen solchen Text zu schreiben, muss den Dichter eine eigene Faszination von diesem unterirdisch-unirdischen Bereich erreicht haben. Worschula erweist sich als ferne nördliche Schwester der weizenblonden Antonia, die ihren Gemahl mittels Durchbohren eines wächsernen Abbildes zu töten versuchte (*Die Ostergnade*). Solche eigentümlichen Zeilen werden verstärkt durch die berühmten, heiter-dunklen Zaubersprüche, etwa jenen *Gegen die Furcht vor der Zukunft*:

[...] Es ritzt mich kein Dorn,/es rührt mich kein Zorn,/kein böser Wunsch kann mich schwächen,/kein böses Auge mich stechen./ Und was mir grimmig gesinnt,/das streue ich gegen den Wind./ Ich streue es gegen den fließenden Bach/und werfe ihm Gottes Segen nach./Embede, Warbede, Wilbede,/Gottes Stern steht auf meinem Dach.(1945)[2]

Durch die Spukwelt des *Buches Rodenstein* irrlichtert dieselbe Magie, aber auch durch Lustig-Unheimliches wie *Die Geiße Gaugeloren* oder *Die Hexe*:

Als ich klein war, musst ich zur Kirche gehn./Das war mir arg./ Die Kirche war anzusehn/wie ein steinerner Sarg./Lange stand ich davor,/endlich stießen sie mich hinein./Aber ich war doch noch klein,/und ich fror.
Sprach der Pfarrer vom Jüngsten Gericht,/von der höllischen Glut,/von der himmlischen Königin/oder vom heiligen Blut,/das gefiel mir nicht,/und da horcht ich nicht hin.
Aber oft sprach er von der Dreifaltigkeit/und nannte sie hochgelobt./Das gefiel mir gut./Denn Eins ist Drei, und Drei ist geweiht,/ und Drei ist Eins über alle Zeit,/das hab ich erprobt.
Wenn die Menschen Gutes und Böses trennen,/Schwarz und Weiß,/Feuer und Eis,/Tag und Nacht,/Schlummer und Wacht,/ weiß ich immer ein Drittes, ich kanns nur nicht nennen./Denn die einige Welt war gezweit,/mit feurigem Schwerte geteilt./Da dämpfte die Drei den Streit/und hat alles wieder geheilt.[...]
Einmal warfen sie mir die Scheiben ein./Hernach bin ich lange umhergekrochen,/unterm Bett, unterm Schrank,/unter der fichtenen Ofenbank./Jeden einzelnen Stein/hob ich auf und hab ihn besprochen./Und wer bei den Werfern war,/kam keiner ins

nächste Jahr./Er siechte, schrumpfte, verdorrte./Ich weiß ja die Worte.[...] In meinem Keller, da sitzt ein Hase,/der hat nur drei Beine./Zwei sind für den Alten,/den Schwarzen, den Kalten,/und für mich ist das eine.[...]
Ich weiß, was ich tu./Hab nur eine einzige Kuh,/meine Wiese ist allzu schmal./Aber Butter und Milch hab ich allemal./Wolln die Weiber im Dorf das Melken anfangen,/sie finden die Euter schon leer./Das verwundert sie sehr,/und ich bin doch nicht aus dem Hause gegangen./Ich melke das Handtuch, ich melke den Strick,/Zoll um Zoll,/der Eimer wird voll,/fremde Kuh wird mager, eigne wird dick.[...]
Jung bin ich und rüstig gebaut/und schön bin ich anzusehn./Kühl und glatt ist meine Haut./Alle Männer haben die Gier,/mancher verlangt mich zur Braut./Sie kommen wie Hunde gehüpft,/wie Hähne und Froschgetier,/Schock über Schock!/Manchem hab ich die Nestel geknüpft./Keiner darf mit mir schlafen gehn/als der große schlohweiße Bock/in der Nacht vom letzten April,/doch davon schweige ich still.[...]
[Die Hexe wird zum Scheiterhaufen gebracht.]
Jetzt prasselt das Feuer empor,/ich hatte es immer gern,/es knistert und singt mir im Ohr,/und die Funken sprühen wie die Stern./Aus den Hölzern schlängeln sich vor/die hurtigen Salamander./Wir erkennen und grüßen einander./Wir spielen und tanzen zusammen/in den kühlen, lieblichen Flammen./Ist der Haufen niedergebrannt, da fahr ich hinaus./Ich flieg in ein anderes Land,/und die Winde baun mir ein Haus.
Aber einmal werde ich alt,/runzlig, dürr, ungestalt./Dann ist es Zeit./Ich hebe mich auf und rausche davon/in die blaue Barmherzigkeit./[...] Was werde ich dann?

Eine helle Libelle,/eine blaugrüne Welle,/eine schlanke Forelle,/ eine bunte Immortelle,/ein Trauerschwan/oder ein blühender Majoran,/ein heimliches, nächtliches Windchen/oder ein schwarzes Zigeunerkindchen.[3]

Und: Den heiter-traurigen Spuk gibt es nicht nur nördlich, wendisch, baltisch, germanisch, es gibt ihn auch südlich: in *Tarandone*, dem „winzigen Gesellchen, spannengroß, altväterlich gekleidet", der den Gärtner von Cassano, seine Familie, seine Blumen und Früchte segensvoll hütet, nach dessen Weggang aber alles schrumpft, fault, ertaubt, verhagelt, an Seuchen eingeht – denn:

Meine eignen Kinder muss ich hüten/fern im dunklen Untererdenlande,/in der öden, feuerlosen Heimat,/wo kein Morgentau im Lichte glitzert,/Zither nicht noch Mandoline laut wird,/wo kein Mund die Muttergottes anruft,/keine Hand sich hebt zum Kreuzeszeichen.[4]

Obwohl manches über Bergengruen geschrieben wurde, ist dieses Untererdenland, der Bereich des Unerlösten, bei ihm nur selten benannt worden. Reinhold Schneider kam allerdings darauf zu sprechen, wohl aus Verwandtschaft. „Die schwarze Kunst, die Überlieferung der Zigeuner, die Dämonie der Krankheit haben den Dichter beschäftigt und mächtig angeregt. [...] die Zeichen der Kabbalisten und Nekromantisten reden noch immer zum Dichter, der längst sich zu einem weltoffenen Glauben bekennt – wahrscheinlich nicht ohne der Anfechtung völlig enthoben zu sein. Was ihn heute vor der durchlittenen Tiefe schützt, ist die Einstimmung in die Schöpfung. [...] So hat sein Werk neben dem christlichen auch einen heidnischen Aspekt, den er wohl niemals geleugnet hat. Viele seiner schönsten Gedichte entstiegen der goldenen Stunde Pans."[5]

Kennzeichen des Magischen

In welche Welt hat Bergengruen mit Lust und Schaudern, aber auch mit Sachverstand hineingegriffen? Wenn sie die Welt des Magisch-Heidnischen genannt wird, so ist dies erst zu erläutern und in seinen Facetten auseinanderzulegen. Genauerhin sei zunächst das Wort „Magie" umschrieben. Magie wurde im Tohuwabohu des New Age verschiedentlich besetzt und verunklart; das Wort sei hier zunächst in seinem sachlichen Sinn verwendet, wie ihn Ethnologie und Kulturanthropologie einsetzen.

Etymologisch hängt Magie mit „machen" und „Macht" zusammen, und zwar ist nicht das Machen im kausal-rationalen Sinn gemeint: Ich setze A ein, um B zu erhalten, etwa im obigen Beispiel brauche ich normalerweise eine Kuh, um Milch zu erhalten. In der Magie ist vielmehr ein Machen durch reines Wollen aufgerufen, durch Anspannung der Vitalität, durch Projektion des eigenen Willens auf das Gegenüber – wortlos oder worthaft, mit oder ohne Gebärden, mit und ohne stellvertretendes Bild. So braucht die Hexe keine Kuh für die Milch, sondern ein Handtuch, irgendetwas Wechselndes, das jetzt die Kuh verkörpert ... Und die erwähnte Antonia versucht, ihren Mann über ein Wachspüppchen zu töten, das sie mit Nadeln durchbohrt. Eine aufschlussreiche Grundformel des Magischen lautet: *pars pro toto*. Das Ganze ist noch im winzigsten Teil enthalten, so kann man den Teil als Hebel für das Ganze nutzen, und zwar durch Übertragung des bloßen instinkthaften Wollens bzw. durch Willenlosigkeit, die sich dem strömenden Leben aussetzt, durch „Anreicherung" des leblos Abgetrennten mit dem lebendigen All, oder: durch Wiederanschluss an den Blutkreislauf des Ganzen. Worschula, die Schwester der Schlange, „findet auch als einzige zur bestimmten Zeit die abgestreifte Haut, aus der sich die Schlange verjüngt erhoben hat. Zu niemandem spricht sie davon, aber sie hebt sie sorglich auf, denn wie Glockenseilasche, wie Maulwurfspfoten, wie Grabkreuzsplitterchen, wie der Schleim schwarzer Schnecken, die Blätter des Teufelsfingers oder der Saft der Gottesmarter, welcher bitter ist, wie die Marter des Heilands bitter war, so ist die Schlangenhaut zu vielem Heilen, zu vielem Hüten und Bewahren gut."[6] Im Hintergrund solcher Rückbindung ins Ganze steht die bedrängende Grundeinsicht, dass der Mensch und die Dinge aus dem Einklang mit dem All herausgefallen sind und sich den Wiedereintritt auf geheimnisvolle Weise erkaufen müssen. Dieses Erkaufen kann rituell und in Beschwörungen geschehen, wodurch der Beschwörer sich freilich heimlich-unheimlichen Mächten ausliefern, die „Versöhnung" bezahlen muss. *Eine* Weise solcher Auslieferung besteht darin, dass das zaubernde Ich sein Eigensein gar nicht ausbildet – selbst ins große Wir noch eingebunden bleibt, selbst ein offener Übergang zu anderen Lebewesen ist, selbst den Auf- und Abstieg in Verwandlungen nach „unten" oder „oben" vollzieht, in Tier, den „Werwolf" etwa, in Pflanze, Stein oder in den Dämon. Worschula ist ein solcher „fließender Übergang", ichlos, allheitlich, unzentriert, unbewusst, daher noch „unschuldig" – und zeitlos. „Und jene abgezogene Unterscheidung zwischen dem, das wir Sinnbild, und dem, das wir Wirklichkeit nennen, kannte sie ja nicht; vielmehr waren ihr diese beiden Schauungsweisen noch durchaus ungespalten, so wie sie auch nicht immer zwischen den Zeiten unterschied und plötzlich als gegenwärtig etwa einen Leichenzug erblicken konnte, der erst eine Woche später stattfand oder den tödlich auslaufenden Streit zweier Brüder in der Mühle, der vor drei Menschenaltern vorgefallen war. [...] Dazwischen hörte sie Stimmen, sah sie Bilder, die auf Künftiges hinzuweisen schienen; nicht immer gelang es, eine Bedeutung aus der bunten und oft verworrenen Umhüllung zu schälen."[7] Auffallend gilt für die magische Welt, dass alle Gegenstände, auch die scheinbar unbelebten, in einer inneren Verbindung, einem Band und Bund des Lebendigen stehen – alles ist belebt. Was unbelebt scheint, schläft vielleicht nur oder stellt sich schlafend, wird damit um so gefährlicher. Das All ist gefüllt mit Atem und Blut, gleichgültig ob es Steine, Sterne, Erdklumpen, Wasserlachen, Tiere oder Menschen sind: alle Ausdruck des einen Urlebendigen. „Das Wasser, der Sumpf, der Bruch und der Wald erstreckten sich mit all ihren offenbaren und heimlichen Weiterwirkungen bis in die Hütte ihrer Eltern. Keine Schranke schied Wildnis und Siedlung, Menschen und Getier, Erfahrenes von Geglaubtem, die Dämmerung des Waldes von der Dämmerung der raucherfüllten Stube, die vom Kienspan fliegenden Feuerfunken von den Leuchtwürmchen der Mittsommerzeit, die auf den Gräbern hockten, oder von den Irrlichtern, die über den Sümpfen schwebten und bald verspätete Wanderer missleiteten, bald durch ihre Häufigkeit und die Art ihrer Färbung auf zukünftige Geschöpfe hindeuteten. Allerlei geisterhafte kleine Geschöpfe wohnten im Backofen, in

Sumpflöchern und Baumhöhlungen, nicht anders als Nachbar Jan in seiner Hütte. [...] Nachtjäger, Feuerkobolde und Mittagsgespenster, Wasserfrauen, Sumpfschlangen, Waldbienen und Fische waren diesen Leuten begreiflicher und vertrauter als die städtischen, deutschredenden Menschen."[8]

Da dieses hin- und herflutende Leben ein ganzes ist, genügen in der magischen Welt als Kommunikation „normalerweise" die Telepathie oder auch die Telekinese: die Abstrahlung eigener Vitalität – auch Letalität! – nach außen oder das Aufnehmen fremden guten und bösen Wollens. Trieb und Instinkt – noch nicht Bewusstsein! – verdichten sich zu einer Übertragung oder zum Empfang von *libido*. Der Handelnde erleidet sein Handeln auch, ist bei allem Wollen auch Beute unbekannter Macht. Und der Leidende will zugleich auch das, was er erleidet. Je tiefer freilich jemand an der Ursprungsstelle, sozusagen am Lebensknoten des Ganzen angekommen ist oder seit jeher darin ruht, desto offener stehen ihm die Möglichkeiten, die Stränge zu ziehen, zu handeln und zu bannen, also in Bewegung oder Bewegungslosigkeit zu versetzen, durch Zauber, Fluch, Tabu, Beschwörung, Segen, Ritus. Auch die allgegenwärtige Numinosität wird gebannt oder verfügbar gemacht, zum Auftreten genötigt an bestimmten Orten, Zeiten, in Gegenständen, in mancherlei Personen, zum Guten wie zum Bösen. „Sie kannte die Heilsegen für Menschen und Tiere, die Schutzworte für Geräte und Örtlichkeiten. Sie wusste, wie beim Stillen von Blutflüssen, beim Dämpfen des Fiebers zu verfahren war und was beim Flechten der Bienenkörbe, beim Knüpfen und Ausbessern der Netze, beim Melken, Säen und Flachsbrechen gesprochen werden musste. Sie kannte die rechten Zeiten für Aderlass, Haar- und Nägelschneiden, sie verstand sich auf die

Bereitung von Heiltränken und Salben, auf die Wiederfindung verlorengegangener oder gestohlener Gegenstände. Man wandte sich an sie, wenn eine Ziege Blut statt der Milch zu geben begann oder wenn einem Bienenstock etwas Böses angewünscht worden war. Man begehrte Liebeszauber von ihr."[9]

Dieses unzentrierte Ich, dem Zeiten, aber auch Räume, Formen und Gestalten ungeschieden durcheinanderfluten, erfährt seine „Identität" nicht an sich selbst, vielmehr im „Außen", oder genauer: an einer Urgestalt, die sich in äußeren Gestaltungen widerspiegelt. Für Worschula ist die Urgestalt die Schlange, mit der sie immer mehr eins wird, schließlich eins ist – sie isst ja auch Schlangenfleisch, um sich mit der Kraft der Uralten aufzuladen. „Begonnen hatte alles damit, dass in Worschulas frühester Kinderzeit, so glaubte sie, eine Schlange zu ihr gekommen war und ihr Augen und Ohren ausgeleckt hatte; von dieser geheimnisvollen Reinigung der wichtigsten Sinneswerkzeuge leitete sie ihre Fähigkeit her, Dinge zu sehen und zu hören, die den anderen verborgen blieben. [...] Dies nahm Worschula aus der Kindheit in ihre ferneren Jahre hinüber, dass sie allerorts [...] die Zeichen und Gleichnisse der Schlange zu erkennen vermochte: im Aufzucken des Blitzes, in kriechendem Waldgewächs, in geschlängelten Wasserläufen, in gewundenen Wegen, in den bläulich hervortretenden Adern mancher menschlichen Hand, im Flachs, in Angelschnüren, im Zischen und Züngeln des Feuers, im Zischen und Fauchen des Windes. [...] Immer deutlicher wurde es Worschula, dass ihr eine Teilhaberschaft an den Kräften der Schlange zugestanden war."[10]
Ein weiteres Charakteristikum des Magischen ist die eigentümliche Betonung oder Vernachlässigung mancher Sinnesorgane. In Abbildungen prähistorischer Zeit fehlt vielfach der

Mund, statt dessen erscheint eine Aura oder Ausstrahlung um den Kopf oder den ganzen Leib in Form von Punkten oder Flammen – Zeichen der allseitigen Berührung mit der Außenwelt, die gleichsam durch die „Poren" aufgenommen wird. Auch Worschula kann nur schwer den *logos* wahrhaben, das deutende und trennende Wort, im Unterschied zum zauberischen: „Man bat sie um die Deutung von Träumen und auffallenden Gewahrnissen und merkte nicht, dass sie sich hierin gehindert fühlte; denn eben weil das Wort ihr mangelte, fiel es ihr schwer, den Fragenden das in seiner Ganzheit zu übermitteln, was sie bei geschlossenen Augen in sich selber gesehen und gehört hatte."[11]

Letztlich ist in breiter Fülle belegt, dass die magische Welt nicht nur auf Erde und Wasser, sondern ebenfalls auf Mond und Nacht bezogen ist. Nicht allein weil sich das Leben vorwiegend in der lichtlosen Höhle, der fensterlosen Hütte, im Dämmer des Urwaldes vollzieht, sondern weil die Nacht auch Schutz bietet, weil an den Mondphasen und der Sternwanderung die erste Zeitbestimmung möglich wird (Mond und Monat hängen etymologisch zusammen), weil vom Mond die Fruchtbarkeit der Erde, der Wechsel der Gezeiten, der Rhythmus der Frauen abhängt – ein unerhört reiches Netz von Bezügen spannt sich von der Erde zu Nacht, Mond und Sternen. Bergengruen hat der nächtlichen Welt reichen dichterischen Tribut gezollt, hat sie zugleich weiblich empfunden: „Mitternacht, Mutternacht/[...] Brunnen voll lauer Flut,/schwarzer, schweigender Schrein,/nimm mich in deine Hut,/tränk mich mit Sternenblut,/denn ich bin dein."[12] Unmittelbar neben dem Gedicht *Magische Nacht* steht der *Mondengesang*:

Uraltes Geheimnis Mond,/Geheimnis der Frauen!/[...] Frauen, die veränderlich vielgestalten,/(wie der Mond erwächst und verglüht)/wassergleich nicht mit Händen zu halten,/(aber das Wasser, es fruchtet und blüht/aus des Geklüfts verborgensten Spalten)/[...] Frauen, fügsam den frühen Gewalten,/immer noch rauschen die weltenalten/heiligen Ströme durch euer Geblüt.[13]

Die Ureinheit

Wenn die Macht des Magischen in solcher Vertrautheit mit dem Ganzen besteht, so muss dieses Ganze noch näher ins Auge gefasst werden – ins prüfende und distanzierte Auge, das damit aus der Ganzheit herausfällt. Denn in dieser Empfindung des großen *Hen kai pan* liegt der Schlüssel oder die Gültigkeit der magischen Welt. Und hierin liegt gleichzeitig Bergengruens Urerlebnis, das gleichwohl nicht bloß hingesetzt sei, sondern Fragen nach eben dieser Gültigkeit aufwirft.

Von da an beschäftigte und begleitete sie der Gedanke, wie doch in diesem wunderbaren Tiere das einander Entgegengesetzte unabtrennlich verschwistert lag, Gift und Gegengift, die Macht der Zerstörung und die Macht der Heilung, die Kraft des hütenden Segens und die dunkle Furchtbarkeit der Unterwelt. [...] Kündigte sich denn dieses Geheimnis nicht schon in den bannenden Augen der Schlange an? Als einziges Tier hatte sie ja die Fähigkeit, den Stern des einen Auges nach rechts, den des andern gleichzeitig nach links zu kehren. Sie hauste im Finstern und Feuchten der Erde, aber es trieb sie hinauf zu trockenen Grasstellen; hier empfing sie die Strahlen der brütenden Mittagshitze, um sie wieder hinabzutragen, Botin zwischen der oberen und der unteren Welt. Und in der unzugänglichen Tiefe, aus der sie lautlos, blitzschnell auftauchte und in der sie lautlos, blitzschnell wieder verschwand, ohne gleich anderen Tieren eines Fußes oder Flügels zu bedürfen, in dieser Tiefe ruhten die Gebeine der Toten, ruhten die Schätze; aus ihr strömten giftige Dünste und Krankheiten, aber aus ihr quoll auch das lebengebende Wasser, aus ihr spross neben todbringenden Giftkräutern alles, was Menschen und Tiere nährt und heilt. Schon in ihren kindlichen Grübeleien ahnte Worschula in der Schlange ein uraltes Geheimnis; ein Geheimnis, älter als Gott. Die Kräfte, die sich in Gott und im Teufel, oder, wie gleich ihren heidnischen Vorvätern die alten Leute wohl noch sagten: im Weißgott und im Schwarzgott gesondert darstellten, erschienen sie in der Schlange nicht vereint? Das Helle und Dunkle, die Fruchtbarkeit und die Vernichtung, das Gute und das Böse? Und deutete hierauf nicht auch die Zwiespitzigkeit ihrer behenden Zunge? Ja, die Schlange war der letzte Ort, darin die verlorengegangene Einheit der Welt sich bewahrt hatte. Ihr Gift konnte den Tod bringen, ihre zu Pulver zerriebene Haut konnte das Gift aus der Bisswunde ziehen; und wer die Begnadung hatte, der fand in ihrem Magen den strahlenden, mit Wunderkraft begabten Schlangenstein, der jedes Leiden heilte und ewige Jugend verhieß. [... Worschula] hatte eine Empfindung davon, [...] dass es ein Schauen gab, über alle Bilder hinaus, ein Schauen, das keines Gegenstandes mehr bedurfte: So musste die uralte Schlange geschaut haben, ehe denn Weißgott und Schwarzgott waren und ehe das All in Gut und Böse auseinanderbrach.[14]

Mit diesen genauen, gleichwohl traumhaften Sätzen sind der Grund der magischen Weltempfindung und zugleich deren

Problematik erreicht. Hier lohnt es sich, theoretisch zu verweilen, denn daraus erhebt sich eine geistesgeschichtliche, genauerhin die philosophische Fragestellung, und in ihr wird das Problem von Schuld und Unerlöstheit deutlicher.

Was Bergengruen verdichtet, steht auf altem überlieferten Boden: der Suche nach der Einheit *vor* der Zweiheit. In der Geschichte des Denkens sind es die Orphiker, die „alles" suchen, ebenso Pythagoras und seine Schule (die im Übrigen das erste Gegensatzsystem hinterließen); schließlich gehört zu dieser Pansophie das *Corpus hermeticum*, die Schriften des sogenannten Hermes Trismegistos. Der Renaissance galten sie als tiefste Lehre der vorplatonischen Antike, in Wirklichkeit stammten sie aus dem 2. und 3. Jahrhundert nach Christus. Diese Weisheitslehre drang 1463 in das neuzeitliche Abendland ein in der Übersetzung durch Marsilio Ficino (1433–1499). Auch er selbst suchte in seiner neuplatonischen *Theologia platonica* von 1474 die Alleinheit der Wirklichkeit zu systematisieren.[15] Über Ficino erreichte diese Botschaft Jakob Böhme, den philosophierenden Schuster aus Altseidenberg bei Görlitz (nicht fern dem Wendenlande) und ersten *philosophus teutonicus* (1575–1624). Damit ist eine unmittelbare Inspiration Bergengruens genannt, welcher (wie Reinhold Schneider) Böhme nachhaltig studierte und im Übrigen auch ein Gedicht auf den ersten Lehrsatz des „weltenalten/hohen Hermes Trismegist" machte mit der Überschrift *Am Himmel wie auf Erden:*

> *Gleichwie oben, also unten./Alles kreist auf gleicher Spur,/Sonne, Sterne, Lichter, Lunten,/Räume, Zeiten, Geist, Natur.*
> *[...] Gleichwie unten, also oben./Goldne Kette allen Seins!/Alles ist in eins verwoben./Nicht verwoben: es ist Eins.*[16]

Um auf Jakob Böhme zu kommen, so sieht dieser als Ursprung allen Seins nicht den üblichen „Grund“, sondern den „Ungrund“ – das *Mysterium magnum*, das Chaos, das Nichts aller Bestimmtheit. Darin sind alle geläufigen Unterschiede noch eins: Der Ungrund ist schlechthin undifferenziert, unqualifiziert, ungeordnet, unerkennbar, unaussagbar. Er ist der Abgrund des gesichtslosen Seins, in dem noch nichts Seiendes hervorgetreten, noch nichts „abtheilig“ ist. „Dieser Grund wird darum Mysterium Magnum genannt, oder ein Chaos, dass daraus Böses und Gutes urständet, als Licht und Finsterniß, Leben und Tod, Freude und Leid, Seligkeit und Verdammniß, denn es ist der Grund der Seelen und Engel, und aller ewigen Creaturen, der bösen und guten; Ein Grund des Himmels und der Höllen, und der sichtbaren Welt, samt allem dem, was da ist, da alles ist in einem einigen Grund gelegen, gleichwie das Bild im Baum, ehe es der Künstler ausschnitzet und formiret, da man von der geistlichen Welt doch nicht sagen kann, dass sie habe Anfang genommen, sondern ist von Ewigkeit aus dem Chaos offenbar worden.“[17]

In diesem Ungrund wirkt ein latenter Urwille, der eine Selbstgebärung Gottes, also eine Ausfaltung des Ungrundes hervorruft. Gott wird der Grund, oder: gebiert sich als Grund, sich und daraus alles andere. Man könnte Gott im Unterschied zum Seins-Ungrund den Werde-Grund nennen, differenziert, strukturiert, qualitätshaft. Er entlässt aus sich die Schöpfung in ihren Gegensätzen. Diese sind Bestimmungen, Qualitäten (= Qual und Quellgeister im Latein des Schusters), die aus dem Gottgrund hervorquellen und nun die gegensätzliche Wirklichkeit ausmachen, so das Gute und das Böse. Alle Gegensätze „urständen“ in Gott, der selber die Urpolarität ist: Ruhe und Bewegung, Finsternis und Licht, Erkennen und Begehren, Weisheit und Wille.

Die Schwierigkeit solchen Ungrundes liegt darin, dass sie die Frage des Guten und Bösen in der Schöpfung, die mit der Frage nach der Gegensätzlichkeit und Ur-Zweiheit überhaupt zusammenhängt, in Gott selbst zurückverlagert: in der wendischen Formulierung Weißgott und Schwarzgott als Doppel-Gott oder Gott-Teufel (deus: devil) begreift – vor dem dann noch ein Un-Gott, ein Eines, Alles liegen muss. Denn die Zwei ist nichts Ursprüngliches, also muss der Ursprung vor der Zwei gedanklich bewahrt werden, muss eins und einer sein. Und aus ihm springt die Zwei auf ... Wie, wird freilich auch dort nicht deutlich, es ist eben so. Vermieden ist jedenfalls, die Spaltung von Gut und Böse, von Gegensätzen überhaupt, an den Anfang zu setzen. Gleichzeitig (und hier meldet sich die Häresie) kann damit aber auch Gott nicht am Anfang stehen, denn wo er, der Gute, ist, ist auch schon das Gegenteil, der Schlechte, mitgedacht.

Aufmerksam betrachtet, wird freilich auch in einem solchen Entwurf die Frage nach dem Ursprung des Bösen verschleiert. Der Ungrund scheint frei davon, aber im Grund ist das Böse begründungslos plötzlich da, ja verunklart das Bild Gottes selbst – Gut und Böse gehen durcheinander, unlösbar verschwistert, ja, Gut und Böse verlieren ihren Charakter des Unterschiedenen. Eben das färbt auch Bergengruens Aussagen: „In der Tat wäre vielleicht Worschulas Wesen am besten als ein hexenartiges zu bezeichnen, wenn dies Wort nicht so viele Verunreinigungen und Missverständnisse zu erleiden hätte; denn eine Hexe ist wohl, so will es scheinen, keineswegs ein zum wurzelhaft Bösen angelegter Mensch, sondern vielmehr eine

Teilhaberin nicht nur am zutage liegenden, sondern auch am verborgenen Leben der noch unerlösten Natur, ja bei all ihren Erkenntnissen ein Stück dieser Natur selbst, die ihr eine bald mütterliche, bald schwesterliche Erbötigkeit zeigt; sie ist daheim in einem natürlichen, warmen, von Fruchtbarkeitsgeheimnissen erfüllten und nicht untraulichen Dunkel."[18]

So ist die Schule Bergengruens bei Böhme und den magisch-weisheitlichen Schriften diesem Dunkel nahe, das freilich den Widerspruch zum Licht nicht will und eben deshalb das Licht verunklart.

Die Erfahrung der Schuld

Worin liegt aber die Erfahrung von Schuld in diesem Bereich? Und wo Schuld wäre, tauchte ja auch die Frage ihrer Lösung auf ... Worschula scheint ja durchaus unschuldig, sogar kindlich mit der Schlange umzugehen. Auch die dionysische „Geiße Gaugeloren" verspricht ein schlichtes Zuendegehen aller Spaltung, ein naturgemäßes Wiederverschmelzen des Getrennten ohne Frage nach Schuldigen: „Der mich fuhr, kehrt einmal zurück/und erwirbt sich von Neuem die Welt,/dann wird in ein einziges Stück/die entzweite wiederhergestellt./Nichts scheidet mehr Kraut und Getier/und Flut und Menschen und Stein,/ dann neigen alle sich mir,/und alles ist wieder mein./Dann braus ich aus meinem Versteck,/meck meck meck meck."[19] Auch die Hexe im Eingangszitat steht jenseits von Schuld und Unschuld, ist wirklich nur „ein heimliches nächtliches Windchen", gefeit gegen die Anklage: „Mir geschieht nichts zu Leid,/ denn ich bin ja unendlich weit./Ich wohne tief hinter Haut und

Bein/im verborgenen Mittelpunkt,/in Schweigen und Dunkel/ wie ein schöner glaskalter Stein,/der genügsam im eigenen Scheine prunkt,/Kristall und Karfunkel./Nichts kann ihn erreichen,/nichts ihn erweichen,/nichts ihn schneiden und stechen,/alles Eisen muss kraftlos zerbrechen."[20]

Trotzdem ist das Gefühl von Schuld gegenüber dem magischen Bereich da, und zwar beim Dichter selbst.

> *Wir badeten in verruchten Gewässern,/wir riefen die brodelnd chaotische Nacht./Wir haben mit steinernen Tempelmessern/ dem Dämon die unreinen Opfer gebracht.*
> *[...] Wir haben den Untren zu Rate gesessen./Wir übten das uralte Blutritual./Wir hoben nächtlich bei höllischen Messen/den weißen Leib und den schwarzen Pokal.*
> *Wir brachten den schwefligen Abgrund zum Kreißen,/da wir mit gefallenen Geistern gehurt./Wie aber geschah's, dass uns dennoch verheißen/die chymische Hochzeit, die neue Geburt?*
> *Wie aber geschah's, dass die Binde gefallen?/Wie riss das Netz, das uns tödlich umspann?/Es sah uns aus berstenden Bogenhallen/dreieckig das Auge der Ewigkeit an.*[21]

Bevor diese letzte Chiffre enträtselt wird, sei hingewiesen darauf, dass der Dichter sich schuldiger als Worschula von der Schlange berührt fühlte: „Wen aber je die Schlange biss, den sättigt das Gewährte nicht:/zu Totensteinen kehrte ich und zu Dämonenhorten ein."[22] Und in dem großen Gedicht *Die Zwiespältigen:*

> *Ich bin vom Heimweh niemals freigekommen/und trug den ewigen Schlangenbiss im Herzen.*

[...] Ein mitternächtiger Frager nach Dämonen/und aller dunklen Seelenkunst beflissen,/ein Herz, dran Himmelreich und Hölle rissen/und auch die Mächte, die im Zwielicht wohnen.[23]

Dahinter taucht sogar das Schattenbild des großen Magiers Faust auf: „Ich mühte mich um Lösen und um Binden,/schied das Vereinte, einte das Getrennte/und sah verzweifelnd Licht um Licht erblinden.“

Nochmals: Wo liegt hier Schuld? Worschula, die Hexe, sogar die dionysische Geiß scheinen sie zu vermeiden, weil sie sich nie aus dem Bereich des Ungrundes gelöst haben, noch vor der Ent-scheidung stehen, ungetrübte und unbelehrte Heiden sind. Wo aber eine andere höhere Welt des Fühlens, Empfindens, Denkens und Scheidens schon wirksam wurde, wird der Ungrund zum Abgrund. Und er stellt abgründige Gefahr vor: die Versuchung nämlich zur Rückkehr ins Unbewusste, Entscheidungslose, Ichlose, Gleich-Gültige, Rauschhafte, ins Unverantwortliche. Aber der Dichter ist kein urzeitlicher Mensch mehr, kein dem Dionysos opfernder Heide. So erfährt er das Unten in der Rückkehr nicht als Glück, sondern als Bannung, Versklavung. In einen früheren überwundenen Zustand zurückkehren ist Bedrohung, nicht Befreiung, Wust, nicht schöpferisches Chaos. Zur bedrängenden Schuld wird solche Ichlosigkeit, wenn das schon erworbene Eigensein zurückgegeben wird.

Von jedem Irrwisch ward ich angefacht./Ich spielte kindisch noch mit grauen Haaren./
[...] Auch wo ich vorbestimmt zu gehn gedacht:/ich taumelte durch ein Gestrüpp von Jahren/und wusste meine Seele nicht zu wahren/in dieser wüsten und verworrnen Nacht.[24]

Erlösung

Wie zerreißt die Nacht? Die Mystik des Dämonischen? Indem man erkennt – oder auch: belehrt wird: In die Urgnade, die Einheit, geht es nicht zurück, ins Bewusstlose, sondern nur nach vorn. Genauer gesagt: nach oben, durch etwas Bestimmtes hindurch. Dieses Bestimmte, Unausweichliche, dem doch so instinktiv ausgewichen wird, ist das Ausleiden der Zerspaltung. Die Zweiheit muss ausgehalten, nicht unterlaufen, im Rausch abgegeben werden. Sich fragend, was alles Ungeheures, ekstatisch Vieles über die Welt zu schreiben wäre, heißt der Schluss von *Imago Mundi*: „Nein. Nimm ein Stück geschwärzter Buchenkohle/und mit zwei Strichen, lot- und waagerecht,/schreib auf das Holz handhoch ein Kreuz. So ist/des Weltgefüges Inbegriff getan."[25]

Das Kreuz ist Zeichen der Zweiheit, ja ihrer Potenz, der vierfach ins Unendliche zerrissenen Welt. Es zeigt in seiner Gestalt das Unversöhnte an sich selbst auf. Diese Vierheit brennt sich ein, in ihr vollzieht sich Spaltung, die ungeliebte, von der das *Hen-kai-pan*-Gefühl wegstrebt. In dieser Spaltung wird jeder zum Einzelnen, zum Ausgesetzten, nicht trägt mehr das große Wir, das antlitzlose Es, das mütterliche Alles:

> *Niemand, niemand ist, dich freizubitten,/und dein Ort ist einsam in der Mitten./Unablässig alles Weltentscheiden/musst zuvor du in dir selbst erleiden./Deinen Adel wolle hier erkennen./Fühl das Mal auf deiner Stirne brennen./Atme, Herz, im Eis- und Feuerbade,/unverlassen von verborgner Gnade,/und empfange du die tödlich strengen/Engel mit erhöhten Lobgesängen.*[26]

Das Kreuz ist das Zeichen der Scheidung, bitterstes Alleinsein, ausgespannt an die vier Enden der Erde. Und es ist paradoxerweise in der Scheidung auch Ent-Scheidung, Aufhebung der Trennung. Lösung, Erlösung heißt nicht irgendetwas, sondern: Überwinden der Trennung am Ort der Trennung selber, nirgendwo anders, nicht davor, nicht später. Was *die Hexe* sucht, Überwindung der Zweiheit im Dritten und Einen, gibt es auch hier, aber nicht hexenhaft mechanisch (= magisch). Die magische Alchemie ist nur ein trüber Widerschein der wirklichen Alchemie:

> *Du göttlicher Adept und Alchymiste,/vereine, scheide du die Elemente/in meiner Brust! Exaudi me, o Christe.*

Das „Zwiegeschöpf" sieht sich im Tode liegen:

> *Jenseits des Zwiespalts suchte ich das Dritte,/doch nichts und niemand konnte mich bescheiden.*
> *[...] Erst allzuspät [sero te amavi] fand ich der Schöpfung Mitte/ im Kreuzespunkt, da Stamm und Arm sich schneiden.*
> *Nun lieg ich hier ins Feste eingesenkt/nach Traum und Irrgang, Wank und Widerstreite,/die Hände auf der Brust zum Kreuz verschränkt.*
> *Vergönnt mir ein Gebet als Weggeleite,/dass ich, dem nie sich ein Geleit geschenkt,/die Heimkehr finde in das Ungezweite.*[27]

Lobgesang des Ursprungs

In der Entzweiung des Kreuzes kehrt alles zurück oder besser: hebt sich ins Klare. Die Ent-Scheidung lässt alles, alles restlos wiederkehren, neu, entsühnt, dienstbar und dienstwillig, an seinen, den richtigen Platz. Bergengruens Lobgesänge der Welt, der *heilen Welt*, erheben sich nicht aus dem Gemüt eines Kindes oder Einfältigen wie Matthias Claudius, sie kommen aus der verstörten, alles kennenden, nicht mehr naiven Zwiefalt. Richtiger müsste man sie wohl als *geheilte Welt* bezeichnen. Von ihr aus begreifen die Gesänge alles ein, auch das Schwarze, die Untererde wie die Obererde. Es kommt zu *Lobsang und Lobrauch*, des Herrlichen, des Wimmernden, auch des Verdammten:

> *Ewiger Schweiger, Gott, und ewiger Hörer!/Preislied lobt Dich und Flehn der Betenden und der Beschwörer –/Aber reicher lobt Dich jeglicher Ton Deiner Erde,/lobt Dich das brünstige Wiehern beschälender Pferde [...]*
> *lobt Dich der Kugeln und Waffen pfeifendes Lüftedurchschneiden,/lobt Dich das leichte Geklirr von Ringen und Halsgeschmeiden,/lobt Dich das leise Geblätter in Psaltern und Stundenbüchern/und in der Brise das Knattern von abschiedwinkenden Tüchern [...]*
> *loben dich Peitschengeknall und Schüsse und Donner von Explosionen/und das dumpfe Gestampf von verlorenen Marschbataillonen,/Schmerzensgewimmer und dünnes Kreischen der Knochensäge/und auf dem Deckel des Sarges die letzten Hammerschläge,/lobt Dich das Knochenrasseln von spukenden Hungerskeletten/und das Gerüttel der Höllendämonen an ihren*

Ketten./Alle Geräusche und Klänge der Welt, woher sie auch stammen,/strömen vieltausendstimmig in Eines zusammen [...] Tausend Hände von Priestern und dienenden Knaben schwingen/eherne Fässer, draus Wolken des Weihrauchs dringen [...] Aber reicher noch lobt Dich, Du Herr der Gewölke und Schwaden,/alles, was aufwärts steigt, zu reineren Lüften geladen [...] frühsommernächtiger Hauch von den süßen Akazienbäumen/ und des Jasmins, des Holunders betäubendes Überschäumen [...] Herdrauch aus Dächern, am windstillen Mondhimmel stehend,/ zögerndes Herbstgespinst, an der späten Sonne zergehend,/lobt Dich der riesigen Städte verworfener Brodem/und der Gemsen, der Kinder, der Feldmäuse reinlicher Odem,/bläulich verglimmender Kräuter narkotischer Schleier/und der Weindunst bacchantisch brausender Feier,/lobt Dich der fette Qualm aus Schüssel, Tiegel und Pfanne/und im Dezember der Dampf galoppierender Schlittengespanne,/Mehlstaub, Goldstaub, Gewürzstaub und Staub von Folianten,/Feldwegstaub und Staub vom Schleifen der Diamanten,/Mörtelstaub von uralten, bröckelnden Türmen und Treppen/und der beizende Rauch von brennenden Wäldern und Steppen [...]
lobt Dich im Sumpf, dem giftigen Fieber verschworen,/brodelnde Gärung, miasmischer Gase Rumoren,/Dunst der fauligen Flut in stummen Kanälen und Grachten,/einsamer Kerzen Ruß und das Pulvergewölk der Schlachten,/Dampf vergossenen Blutes und zuckender Eingeweide/und der Verwesungshauch der von Toten bevölkerten Heide./Ja, es lobt Dich der bittere Rauch von den höllischen Flammen./Und vieltausendstimmig rinnt alles in Eines zusammen,/steigt, mit dem Weihrauch der Kirche vereint, nach oben,/Lobrauch, wie Lobsang, den Herrn der Schöpfung zu loben.[28]

Auch die Antike drängt tierisch-göttlich heran, zur Lösung: „Rühre die Augen uns an,/Gotthirte, Hirtengott,/dass wir unter den grauenvollen,/schwärenden Wunden des blassen,/des zerrissenen Leibes –/[...] dass wir hindurchschimmernd/wieder gewahren, Getröstete,/deine hirtliche Sanftmut und Schöne."[29] Sofern der Dichter das Höllenfeuer überwunden, oder besser: ein anderer in ihm gesiegt hat, kann es auch heiter zum Hausgebrauche im kleinen Rahmen flackern, so in dem (jean-paulisch titulierten) *Zuspruch auf alle Fest-, Pest-, Jahres- und Wochentage* – auch die Schlange ist wieder da, diesmal aber als Mitgift im Füllhorn der Welt:

> *Sei getrost! Und jeden Zauber/üb' ich dir, geliebte Frau,/bade dir die Erde sauber/und den Himmel wieder blau.*
> *[...] Um ein einziges Morgenlachen/als getreuster Nekromant/richt ich deine Siebensachen./Gib sie nur in meine Hand!*
> *Körbe füll ich und Behälter./Morgen solls Rosinen schnein!/Ewig strömt aus meiner Kelter/roter Wein und weißer Wein.*
> *Klirrt es? Mit verborgnen Mitteln,/Hundstollkraut und Bibergeil,/Magierworten, Schlangendritteln/mach ich alles wieder heil.*[30]

In dieser tollen Gabe (toll im Sinne Goethes) liegt die innerste Verwandtschaft des Dichters nunmehr auch mit dem Schöpfer, diesmal dem wirklichen und guten, nicht mehr seinem gespenstischen Widersacher. So kommt es zur wundervollen und heiteren Neuschaffung der Welt. Schafft der Dichter? Oder schafft Gott?

Dir zu gutem Jahrgeleit,/Liebste, tat ich viel,/trieb ich vor Beginn der Zeit/großes Zauberspiel.
Heftete die Silberzier/an den Himmelsplan,/Waage, Sirius und Stier/und Aldebaran.
[...] Salzte dir das Kattegatt/und den blauen Belt,/türmte Mönch und Ararat/und das Dach der Welt.
[...] Flüsse schüttete ich hin,/Rhone, Nidda, Schlei,/Orinoko, Po und Inn,/Lahn und Jenissei.
[...] Alle Dinge fügte ich/an den rechten Platz,/selbst den bernsteinfarbnen Strich/in das Aug der Katz.[31]

Schlussstein

Die Grundspannung Werner Bergengruens steigt auf zwischen zwei archetypischen Polen, die schwer zu balancieren sind – nicht nur für ihn, sondern von Grund auf: zwischen dem Zauber der Welt und ihrem göttlichen Überwinder. Es ist in der heutigen „Weltfrömmigkeit", die auf ihre Weise die grüngewandete neualte Göttin Natur anzubeten drängt, entscheidend, die Balance auch auf den zweiten Pol zu richten, der mehr ist als Natur, nämlich auf ihren Urheber, Bändiger, der die bloße Natur löst. Der große Zeitgenosse Bergengruens, Teilhard de Chardin (1881–1955), auch von Ida Friederike Görres verehrt, widmet sein großes nachgelassenes Werk *Le Milieu Divin* (1957) „jenen, die die Welt lieben". Das kann Teilhard mit solchem Freimut tun, weil er die beiden Pole benennt, selbst zwischen beiden eine lebenslange Balance versucht und bestanden hat. „Gott will nur unsere Seele, wiederholen die Meister des geistlichen Lebens immer wieder. Um den Worten ihr wahres Gewicht zu lassen, dürfen wir aber nicht vergessen, dass die Menschenseele, mag sie auch, nach Ansicht unserer Philosophen, getrennt erschaffen sein, in Geburt und Reifung vom Weltall untrennbar ist, in dem sie geboren wurde. In jeder Seele liebt und rettet Gott teilweise die ganze Welt, die diese Seele auf besondere und unveräußerliche Art zusammenfasst."[32] „Unwiderstehlich liebe ich, was Deine fortwährende Mithilfe mir täglich zur Wirklichkeit hinzuzufügen erlaubt. Diesen Gedanken, dieses greifbare Kunstwerk, diese Harmonie von Tönen, diesen ganz bestimmten Ausdruck der Zuneigung, den köstlichen Anflug eines Lächelns oder eines Blickes, alle diese neuen Schönheiten, die in mir und um mich erstmals auf dem menschlichen Antlitz der Erde erscheinen, ich liebe sie wie Kinder, von denen ich einfach nicht glauben kann, dass sie in ihrem Fleisch vollständig sterben werden. Wenn ich glaubte, die Dinge würden für immer verwelken, hätte ich ihnen denn jemals das Leben gegeben?"[33]

Bergengruen hat Leben gegeben, nicht das einfache, sondern das umkämpfte, errungene. Deswegen noch einmal, mit der Genauigkeit des Kostbaren:

Alle Dinge fügte ich/an den rechten Platz,/selbst den bernsteinfarbnen Strich/in das Aug der Katz.

1 Zitiert nach Gisbert Kranz, Europas christliche Literatur 1500–1960, Aschaffenburg 1961, 499.

2 Werner Bergengruen, Von der Richtigkeit der Welt. Unzeitgemäße Zustimmung, ausgew. u. eingel. v. Luise Hackelsberger, Freiburg (Texte zum Nachdenken) 1988, 35. – Alle sechs Zauber- und Segenssprüche wurden 1959 vertont: Erna Woll (Augsburg), Zauber und Segen. Sechs kleine Motetten für gemischte Stimmen, Möseler Verlag Wolfenbüttel und Zürich 1961.

3 Die Hexe, in: Werner Bergengruen, Die heile Welt. Gedichte, München 1950, 43–50.
4 Tarandone, ebd., 54.
5 Reinhold Schneider, Werner Bergengruen, in: Schneider, Pfeiler im Strom, Wiesbaden 1958, 286f.
6 Werner Bergengruen, Am Himmel wie auf Erden. Roman, München 1947, 126f.
7 Ebd., 127 und 130.
8 Ebd., 123f.
9 Ebd., 130.
10 Ebd., 125 und 127.
11 Ebd., 130.
12 Späte Einkehr, in: Die heile Welt, 159.
13 Mondengesang, ebd., 205–207.
14 Am Himmel wie auf Erden, 128–131.
15 Vgl. Hanna-Barbara Gerl, Einführung in die Philosophie der Renaissance, Darmstadt 1988, 55–64.
16 Am Himmel wie auf Erden, in: Die heile Welt, 148f.
17 Jakob Böhme, Tabulae Principiorum VI, 23, in: Böhme, Werke X, 57ff. – Auch die Signaturen Böhmes tauchen bei Bergengruen auf; s. „Die Botschaften" (in: Die heile Welt, 152f.); ebenso die „flammende Tinktur", s. „Das Geschmeide" (ebd., 169), und die „Quintessenz".
18 Am Himmel wie auf Erden, 131f.
19 Die Geiße Gaugeloren, in: Die heile Welt, 40.
20 Die Hexe, ebd., 48.
21 Ex voto, ebd., 142.
22 Durch viele Pforten ging ich aus, ebd., 247.
23 Die Zwiespältigen, ebd., 86f.
24 Ebd.
25 Imago Mundi, ebd., 133.
26 Der Gezeichnete, ebd., 236.
27 Die Zwiespältigen, ebd., 87f.
28 Lobsang und Lobrauch, ebd., 107–111.
29 Gotthirte, Hirtengott, ebd., 125.
30 Zuspruch auf alle Fest-, Pest-, Jahres- und Wochentage, ebd., 176f.
31 Poeta Creator, ebd., 170–174.
32 Pierre Teilhard de Chardin, Der göttliche Bereich. Ein Entwurf des inneren Lebens, Olten/Freiburg ^{3}1963, 42f.
33 Ebd., 35.